Marlborough's Self-Taught Series

POLISH

SELF-TAUGHT

Marlborough's Self-Taught Series

POLISH

SELF-TAUGHT

by the Natural Method.
with
Phonetic Pronunciation

THIMM'S SYSTEM.

BY

The COUNT de SOISSONS

GYAN

Published by

GYAN

Gyan Publishing House
5, Ansari Road
Daryaganj, New Delhi-110002
Phone: 011-47034999, 9811692060
E-mail: books@gyanbooks.com

Distribution Network
gyanbooks.com
India, USA, Canada, UK, Australia, France

ISBN : 978-81-212-3021-6 (PB)

2nd Impression 2020

Printed at: Gyan Press, Delhi.

The book at your disposal is the edition of an old book originally published long back. The Text quality of this book may not be at par as compared to our other books but many readers approached us to reprint this important book so that it could satiate their hunger. We request all the readers of this book to help us to improve its quality by providing the necessary text of those pages which are not properly visible. Your valuable support in this case will be highly appreciated and acknowledged and our future readers will be benefitted immensely.

Marlborough's Self-Taught Series.

Polish Self-Taught

by the Natural Method.

WITH

Phonetic Pronunciation.

THIMM'S SYSTEM.

BY

The COUNT de SOISSONS.

PRINTED IN GREAT BRITAIN

LONDON PUBLISHERS: E. MARLBOROUGH & Co. LTD.

PHILADELPHIA :
DAVID McKAY COMPANY, PUBLISHERS,
604 608. SOUTH WASHINGTON SQUARE.

PREFACE.

BY DE SOISSONS.

This work is issued as a practical introduction to *Polish*, a language spoken by about thirty millions of people.

The volume contains carefully selected and comprehensive *vocabularies, conversational phrases and sentences,* such as are wanted daily by *tourists, travellers, business men, civil and military officers,* and all who require to use the *spoken language* for the purposes of business or pleasure. By means of Marlborough's well-known and popular system of phonetics, into which the Polish words are transcribed, any English-speaking person can read and speak the words and phrases intelligibly at a glance and so make himself understood without previous acquaintance with the language.

A full outline of the Grammar is included and increases both the interest and usefulness of the book.

Poland, re-born to political independence from the world convulsion of 1914-18, and to-day the buffer state between Russia and Western Europe, as in the past she was Europe's bulwark against Turkish and Tartar invasion, has acquired a growing political importance since her freedom was declared. Industrially, too, she seems destined to play an increasingly important part in Europe. For this reason the inclusion of a handy manual of the language in Marlborough's familiar Self-Taught Series will no doubt be widely welcomed.

While Poland's language is but little known outside its own country, her literature has been widely read and appreciated in England ever since " Quo Vadis ? " made the name of HENRYK SIENKIEWICZ world-famous and brought to our notice his great historical trilogy of " With Fire and Sword," " The Deluge," and " Pan Michael."

Other Polish writers whose works have been translated into English are Mme. ORZESZKO, MARYA RODZIEWICZ, KRASZEWSKI, MICHAEL CZAJKOWSKI, and CONRAD KORZENIOWSKI, the latter the grandfather of our own Joseph Conrad, himself a son of Poland. Finally there is LADISLAW RAYMONT, a winner of the Nobel peace prize with his great work "The Peasant," the first volume of which, entitled "Autumn," has been recently published in English.

Many of these authors were first introduced to the English public by my late father, the Count de Soissons, whose work on the present manual I have completed only in so far as concerns the mechanical duties of correction and proof reading.

New students of Poland and of the Polish language, desirous of extending their studies, could not do better than turn to such translations, which would give them a good view of the immensely rich field which they have to explore.

P. de SOISSONS.

London, 1925.

CONTENTS.

POLISH SELF-TAUGHT.

THE ALPHABET

WITH

PHONETIC PRONUNCIATION.

The Polish language has the following letters

Character.	Name and Phonetic Pronunciation.	Phonetic sign used.
A, a.	(*ah*) like *a* in *artist*: artysta (ahrtistah) artist	ah
Ą, ą.	on, a nasal sound like **on** in French **bon** bąba (bonbah) bomb	**on**
B, b.	(*beh*) as in English	b
C, c.	(*tseh*) soft as in *cellar*	c, s, ss
Ć, ć.	(*cheh*) like *ch* in *cheese* only much softer ćma (chmah)	ch
D, d.	(*deh*) as in English	d
E, e.	(*eh*) like *e* in *bell, tent*: elegant (elehgahnt), dandy*	e, eh
Ę, ę	(*ehen*) a nasal sound like **en** in French **bien, rien:** męka (menkah) torture . . .	**en**
F, f.	(*ef*) as in English	f
G, g.	(*gheh*) hard like *g* in *gelding*: gospoda (gospodah) hostelry	g, gh
H, h.	(*hah*) like *h* in *house*: halabarda (hahlahbahrdah) halberd	h
I, i.	(*ee*) like *i* in *ink*: index (index), index . .	i
	When initial *i* has the effect of *y*: *ia* (yah)†	y
J, j.	(*yot*) like y in *yarn*: yarmark (yahrmahrk) fair, market day	i, y
K, k.	(*kah*) as in English	k
L, l.	(*ell*) more liquid than the English *l* in *bell*: it is like *l* in the French **belle:** lato (lahto) summer	l

*) In the combination *ie* in Polish words, *i* and *e* must invariably be pronounced separately: thus *ie* has the effect of *ye* in yellow.

†) See E, e – footnote above.
Note that *i* is never pronounced as in *mine*, *light*, etc.

Character.	Name and Phonetic Pronunciation.	Phonetic sign used.
Ł, ł.	(*ell'*) a dull sound between *l* and *w*: łapa (wahpah) paw . . . . *NB.* "ow" (in the phonetics)=o+oo **not** *ow* in *now, how*, etc.; aw=ah+oo.	w, oo
M, m.	(*em*) as in English	m
N, n.	(*en*) as in English	n
Ń, ń.	(*en-y'*) like *ny* in Bunyan: leń (len-y') lazy fellow	ny'
O, o.	(*o*) a short sound nearly as open *o* in from: *not* like *o* in *rope, pole*; thus *so, to* sound as in *sod, tod*	o
Ó, ó.	(*oo'*) like *oo* short in *book:* stóg (stoog) hayrick	o͝o
P, p.	(*peh*) as in English	p
R, r.	(*ehr*) as in English, but **always sounded.**	r
S, s.	(*ess*) sibilant as in English: sas (sahss) a Saxon	s, ss
Ś, ś.	(*esh*) like *sh* in *sheen* only much softer: ślaz (shlahz) mallow	sh
T, t.	(*teh*) as in *tell:* tartak (tahrtahk) sawing mill	t
U, u	(*oo*) like *oo* long as in *moon:* unia (ooniah) union	oo
W, w.	(*voo*) like *vulgar:* waga (vahgah) balance, scale	v
X, x.	(*eeks*) as in English	x
Y, y.	(*eepseelon*) like *y* in *hardy* never as in *my, dye*, etc: wyznanie (viznahnyeh) confession	i, y
Z, z.	(*zed*) as in English	z
Ż, ż.	(*zheh*) like *je* in *jester* only harder: żałoba (zhahwobah) grief, mourning, sorrow . .	zh
Ź, ź.	(*zh'yet*) like the preceding but rather hissing: żmija (zhmiyah)	zh

Note: ć, ś, ż, ź are the most difficult sounds to express phonetically in English. The student should seek an opportunity of hearing them pronounced by a native.

DOUBLE LETTERS.

Besides single letters, Polish has some double letters which represent single sounds and cannot be divided in spelling. These are:

Character.	Name and Phonetic Pronunciation.	Phonetic sign used.
Ch, ch.	like *h* in *house:* chemia (**h**emiah) chemistry	**h**
Cz, cz.	like *ch* in *charge:* czara (chahrah) goblet	ch
Dz, dz.	like the English *dz* in *adze:* dziad (dziahd) beggar, grandfather	dz
Dż, dż.	like the English *j* in *rejoice*: dżdżysty (djedjeysty) rainy, drizzling	j
Dź, dź.	like *s* in *measure* only sharper: żołądź (showo**n***zh*) acorn	*zh*
Ie, ie.	like *ye* in *yellow, yet*	ieh, ye**h**
Rz, rz.	like the French *j* in *jaloux:* rzepa (zhepah) turnip	zh
Rż, rż.	like *r'zh:* rżeć (r'zh-ch) to neigh . . .	r'zh
Sć, ść.	can be approximately expressed by *sh-ch:* sześć (shesh-ch) six	sh **ch**
Sz, sz.	like *sh* in *shoe:* szum (shoom) noise of wind, of sea, of water	sh

NOTES ON PRONUNCIATION, etc.

1. The phonetic pronunciation given in this work is that of the educated classes in Poland.

2. There is no tonic accent in Polish, each syllable having the same strength.

3. There are no articles.

4. The "phonetic signs" given in the above pages represent the sounds of the Polish characters as nearly as it is possible for English letters to do this. Each phonetic sign must always be pronounced in the same manner (that set forth above): e. g. *c* is always sounded as in the English words *city, rice; ch* always as in *rich: s* is always as in *so, thus, mason;* in "*ie*" each letter must be sounded separately, *i* as in *infinite* and *e* as in *men, pet,* the two must never be pronounced together as in *thief, believe,* etc., (see p. 5); similarly, in *eu, ew, ey, ow,* etc., each letter must be given its own sound, and the two sounds merged into *a diphthong;* they are not to be pronounced as in *feud, dew, valley, owe,* (or *how*) *respectively*; *ey* is like *ey* in *abeyance.*

5. The student should avail himself of any opportunity he may have of hearing the language spoken by an educated native; until such opportunity comes, he should practise saying the Polish words aloud so as to familiarise his tongue with the utterance and his ear with the sound.. Occasionally, in the following pages, the correct pronunciation of a word is symplified by the insertion of a hyphen or hyphens.

VOCABULARIES.

The World and Nature (Świat i Natura).

(Note:—There are no articles in the Polish Language).

English.	Polish.	Pronunciation.
Air	powietrze	povyehtzhe
cloud	chmura	hmoorah
cold	zimno	zimno
darkness	ciemność	cyehmnosh-ch
dew	rosa	rossah
dust	kurz	koozh
earth	ziemia	ziehmiah
East	wschód	vshood
eclipse	zaćmienie	zahchmiehnieh
fire	ogień	ogyehn-y'
fog	mgła	mgwah
frost	mróz	mrooz
hail	grad	grahd
heat	gorąco	goronco
ice	lód	lood
light	światło	shviahtwo
lightning	błyskawica	bwyskahvicah
moon ; —, new	księżyc, nów,	ksyenzhyc, noov
—, full	pełnia	pewniah
moonlight	światło księżyca	shviahtwo ksyenjycah
nature	natura	nahtoorah
North	północ	poownoc
rain	deszcz	deshch
rainbow	tęcza	tenchah
shade, shadow	cień	cyehn-yi
sky	niebo	niehbo
snow	śnieg	shniehg
South	południe	powoodnieh
star	gwiazda	gviahzdah
storm	burza	boozhah
sun	słońce	swon-y'ceh
thaw	odwilż	odvilzh

English.	Polish.	Pronunciation.
thunder	piorun	pioroon
weather	pogoda	pogodah
West	zachód	zahhood
wind	wiatr	viahtr
world	świat	shviaht

Land and Water (Ziemia i woda).

Bay	zatoka	zahtokah
beach	brzeg morski	bzhehg morski
canal	kanał	kahnahw
cape	przylądek	pzhylondek
cliff	skała morska	skahwah morskah
coast	brzeg morski	bzhehg morski
creek	mała zatoka	mahwa zahtokah
current	prąd	prond
ebb	odpływ morza	mojah odpwiv
flood (deluge)	wylew, potop	vilehv, potop
flow (rising tide)	przypływ morza	pzhipwiv mojah
foam	piana	piahnah
gravel	żwir	zhvir
hill	pagórek	pahgoorehk
ice	lód	lood
island	wyspa	vyspah
lake	jezioro	yehzioro
land	ziemia	ziehmiah
mainland	kontynent	kontynehnt
marsh	błoto, bagno	bwoto, bahgno
mountain	góra	goorah
mud	błoto	bwoto
peninsula	półwysep	poowyvsehp
river	rzeka	zhehvah
rock	skała	skahwah
sand	piasek	piasehv
sea	morze	mozheh
sea-shore	brzeg morski	bzhehg morski
shingle	gont	gont
storm	burza	boozhah
stream	prąd, potok	prond, potok

English.	Polish.	Pronunciation.
tide ; — high	przypływ	pzhypwyv
—, low	odpływ	odpwyv
valley	dolina	dolinah
waterfall	wodospad	wodospahd
water	woda	vodah
salt —	„ słona	„ swonah
wave	fala	fahlah
well	studnia	stoodniah

Minerals and Metals (Minerały i Metale).

English.	Polish.	Pronunciation.
Alum	ałun	ahwoon
amber	bursztyn	boorshtyn
brass	mosiądz	mosiondz
bricks	cegły	cehgwy
bronze	bronz	bronz
cement	cement	cehment
chalk	kreda	kredhah
charcoal	węgiel drzewny	vengiehl dzhehvny
clay	glina	glinag [miehnny]
coal	węgiel (kamienny)	venghiehl (kah-
concrete	beton	beton
copper	miedź	miehd*zh*
coral	koral	korahl
crystal	kryształ	kryshtahw
diamond	diament	diahmehnt
emerald	szmaragd	shmahrahgd
enamel	emalja	emahljah
glass	szkło	shkwo
gold	złoto	zwohto
granite	granit	grahnit
gravel	żwir	zhvir
iron	żelazo	zhehlahzo
—, cast	„ lane	„ lahneh
—, wrought	„ kute	„ kooteh
lead	ołów	owoov
lime	wapno	vahpno
marble	marmur	mahrmoor
mercury	rtęć	rtench
mortar	wapno z piaskiem	vahpno z piahskehm

English.	Polish.	Pronunciation.
metal	metal	mehtahl
nickel	nikiel	nikiehl
opal	opal	opahl
ore	ruda	roodah
pearl	perła	pehrwah
ruby	rubin	roobin
sapphire	szafir	shahfir
silver	srebro	srehbro
slate	łupek	woopek
soda	soda	sodah
steel	stal	stahl
stone	kamień	kahmiehn-y'
—, precious	drogi —	drogi —
tin	cynk	cink
zinc	cyna, blacha	cinah, blah-hah

Animals, Birds and Fishes (Zwierzęta, ptaki i ryby).

Animal	zwierze	zviehzheh
barking	szczekanie	shchehkahnieh
bear	niedźwiedź	niehd*zh*viehd*zh*
bird	ptak	ptahk
blackbird	kos	koss
braying	ryczenie	richehnieh
bull	buhaj, byk	boohahy, bik
calf	ciele	ciehleh
canary	kanarek	kahnahrek
cat	kot	kot
—, she	kotka	kotkah
chicken	kura	koorah [kiehch
claw, nail	pazur, paznokieć	pahzoor, pahzno-
cock	kogut	kogoot
cod	stokfisz	stokfish
colt	źrebię	*zh*rehbien
cow	krowa	krovah
cuckoo	kukułka	kookoowkah
deer	jeleń	yehlehn-y'
dog	pies	pyehss
—, she	suka	— sookah

English.	Polish.	Pronunciation.
donkey	osioł	osiow
—, she	oślica	oshlicah
dove, pigeon	gołąb	gowonb
duck	kaczka	kahchkah
—, wild	,, dzika	,, dzikah
eagle	orzeł	ojehw
eel	piskorz	piskozh
elephant	słoń	swon-y'
feather	pióro	piooro
fish	ryba	rybah
foal	źrebię	*zh*rehbien
fox	lis	liss
fur	futro	footro
game	zwierzyna	zvyehzhynah
goat	koza	kozah
goose	gęś	ghensh
hair	włos	vwoss
hare	zając	zahyonc
hawk	sokół	sokoow
hen	kura	koorah
herring	śledź	shlehd*zh*
hoof	kopyto	kohpyto
horn	róg	roog
horse	koń	kon-y'
howling	wycie	vycieh
lamb	jagnię	yahgnieh
lark	skowronek	skovrohnehk
lion	lew	lehv
lobster	rak morski	rahk morski
mackerel	makrela	mahkrehlah
magpie	sroka	srokah
mane	grzywa	gzhivah
mare	klacz	klahch
mewing	miauczenie	miahoochehnieh
monkey	małpa	mahwpah
mouse	mysz	mish
neighing	rżenie	r'zhehnieh
nightingale	słowik	swovik
owl	sowa	sovah
ox	wół	voow

English.	Polish.	Pronunciation.
oyster	ostryga	ostrygah
parrot	papuga	pahpoogah
partridge	kuropatwa	kooropahtvah
peacock	paw	pahv
pheasant	bażant	bahzhahnt
pig	świnia	shviniah
pike	szczupak	shchoopahk
pork	świnia (animal), wieprzowina (meat)	shviniah, viepjovinah
quail	przepiórka	pzhehpioorkah
rabbit	królik	kroolik
rat	szczur	shchoor
raven	kruk	krook
rook	gawron	gahvron
salmon	łosoś	wososh
sheep	owca	ovcah
snipe	bekas	behkahss
sparrow	wróbel	vroobehl
stork	bocian	bociahn
swallow	jaskółka	yahskoowkah
swan	łabędź	wahbend*zh*
tail	ogon	ogon
thrush	drozd	drozd
tiger	tygrys	tigriss
trout	pstrąg	pstrong
turkey	indyk	indik
turtle	żółw	zhoowv
whale	wieloryb	viehlorib
wing	skrzydło	skzhidwo
wolf	wilk	vilk
wool	wełna	vehwnah

Reptiles and Insects (Płazy i owady).

Ant	mrówka	mroovkah
bee	pszczoła	pshchowah
beetle	chrząszcz	**h**zho**n**shch
butterfly	motyl	motil
caterpillar	gąsienica	go**n**siehnicah

English.	Polish.	Pronunciation.
flea	pchła	p*h*wah
fly	mucha	moo*h*ah
frog	żaba	zhahbah
gnat	komar	komahr
grasshopper	konik polny	konik polny
honey	miód	mio͡od
insect	owad	ovahd
moth	mól	mo͡ol
silkworm	jedwabnik	yehdvabnik
snail	ślimak	shlimahk
snake	wąż	vo**n**zh
spider	pająk	pahyo**nk**
sting	ukłucie	ookwoocyeh
toad	ropucha	ropoo*h*ah
viper	żmija	*zh*miyah
wasp	osa	osah
worm	robak	robahk

Fruits, Trees, Flowers and Vegetables (Owoce, drzewa, kwiaty i jarzyny).

Acorn	żołądź	zhowond*zh*
almond	migdał	migdahw
apple	jabłko	yahbo͡oko
apricot	brzoskwinia	bzhoskviniah
ash	jesion	yehsion
asparagus	szparag	shpahrahg
bark	kora [bób	korah [bo͡ob
bean	groch, tyczkowy,	groh tychkovy,
beech-tree	buk	book
beetroot	burak	boorahk
birch	brzoza	bzhozah
blackberry	jeżyna	yezhynah
blossom	kwiat	kviaht
bouquet	bukiet	bookieht
branch	gałązka	gahwonzkah
cabbage	kapusta	kahpoostah
carrot	marchew	mahrhehv
cauliflower	kalafior	kahlahfior

English.	Polish.	Pronunciation.
celery	seler	sehlehr
cherry	wiśnia	vishniah
chestnut	kasztan	kahshtahn
cucumber	ogórek	ogoorehk
currants	porzeczki (plur.)	pozhehchki
daisy	stokrotka	stokrotkah
dandelion	mlecz	mlehch
elm-tree	wiąz	vionz
fern	paproć	pahproch
fig	figa	figah
fir-tree	jodła	yodwah
flower	kwiatek	kviahtek
forest	las	lahss
fruit-tree	drzewo owocowe	dzhehvo ovocoveh
garden	ogród	ogrood
gooseberry	agrest	ahgrehst
grape	grono	grono
hazel	leszczyna	lehshchinah
—nut	orzech laskowy	ojeh lahskovy
horse-radish	chrzan	hjahn
ivy	bluszcz	blooshch
kernel	ziarnko, jądro	ziahrnko, yondro
larch-tree	modrzew	modzhev
laurel	laur	lahoor
leaf	liść	lish-ch
lemon	cytryna	citrinah
lettuce	sałata	sahwahtah
lily	lilja	lilyah
— of-the-valley	konwala	konvahliah
lime-tree	lipa	lipah
maize	kukurydza	kookooridzah
maple	klon	klon
melon	melon	melon
mistletoe	jemioła	yehmiowah
mulberry	morwa	morvah
nettle	pokrzywa	pokzhivah
nut, walnut	orzech (włoski)	ozheh (vwoski)
oak-tree	dąb	dobn
onion	cebula	cehboolah
orange	pomarańcza	pomahrahn-y'chah

English.	Polish.	Pronunciation.
parsnip	pasternak	pahstehrnahk
peach	brzoskwinia	bzhoskviniah
pear	gruszka	grooshkah
peas	groch	groh
pepper	pieprz	piehpzh
pine-apple	sosna	sosnah
pine	ananas	ahnahnahss
plant	roślina	roshlinah
plum	śliwka	shlivkah
potatoes	kartofle, ziemniaki (plur.)	kahrtofleh, ziehmniahki
primrose	pierwiosnek	piehrviosnek
privet	barwinek	bahrvinek
radishes	rzodkiewki (plur.)	zhodkiehvki
raisins	rodzynki (plur.)	rodzinki
raspberry	malina	mahlinah
root	korzeń	kozhehn-y'
rose	róża	ro͝ozhah
skin, shell (of fruit)	łupina	woopinah
sloe	tarnina	tahrninah
spinach	szpinak	shpinahk
stalk, stem	łodyga	wodygah
strawberry	truskawka	trooskahvkah
stump	pień	pien-y'
tomato	pomidor	pomidor
tree	drzewo	dzhehvo
trunk (tree)	pien, kłoda	pien-y', kwodah
tulip	tulipan	toolipahn
turnip	brukiew	brookiehv
vine	dzikie wino	dzikieh vino
violet	fiołek	fiowek
walnut	orzech włoski	ozheh vwoski
willow	wierzba	viehzhbah

Colours (Kolory).

Black	czarny	chahrny
blue	niebieski	niehbiehski
brown	brunatny	broonahtny
crimson	karmazynowy	kahrmahzynovy

English.	Polish.	Pronunciation.
dark	ciemny	ciehmny
green	zielony	ziehlony
grey	popielaty	popiehlahty
light	jasny	yahsny
orange	pomaranczowy	pomahrahn-y'chovy
Pale	blady	blahdy
pink	różowy	ro͡ozhovy
purple (royal)	purpurowy	poorpoorovy
red	czerwony	chehrvony
scarlet	szkarłatny	shkahrwahtny
violet	fioletowy	fiolehtovy
white	biały	biahwy
yellow	żółty	zho͡owty

Town and Country (Miasto i Provincja (wieś).

Bank	bank	bahnk
bank (hedge)	brzeg	bzhehg
barley	jęczmień	yenchmien-y'
barn	stodoła	stodowah
bridge	most	most
brook	strumień	stroomiehn-y'
building	budynek	boodynek
bush, shrub	krzak	kzhahk
cathedral	katedra	kahtedrah
cattle	bydło	bidwo
cemetery	cmentarz	smentahzh
city	miasto	miahsto
clover	koniczyna	konichynah
corn	zboże	zbozheh
cottage	chałupa	hahwoopah
country, the	prowincya, wieś	provincyah, viesh
courtyard	podwórze	podvo͡ozheh
crop	siew	syev
dairy	mleczarnia	mlechahrniah
ditch	rów	ro͡ov
drain	dren [stwo	dren [dahrstvo
farm	zagroda, gospodar-	zahgrodah, gospo-
farmer	zagrodnik, gospo-	zahrodnik, gospodaj
fence	płot [darz	pwoht

English.	Polish.	Pronunciation.
field	pole	poleh
flock (of sheep)	stado	stahdo
foot-path	scieżka	scieshkah
foot-pavement	chodnik	hodnik
forest	las	lahss
gate	brama	brahmah
grass	trawa	trahvah
harbour	port	port
harvest	żniwo	zhnivo
hay	siano	siahno
hedge	płot	pwot
herd	trzoda, stado	tzhodah, stahdo
high road	bita droga, szosa	bitah drogah, shosah
hospital	szpital	shpitahl
hotel	hotel	hotel
hut	buda, chałupa	boodah, hahwoopah
inn	zajazd	zahyahzd
labourer	robotnik	robohtnik
land, soil	ziemia, rola	zyehmiah, rolah
library	biblioteka	bibljotekah
lake	jezioro	yezioro
log	kłoda	kwodah
manure	nawóz, gnój	nahvo͡oz, gno͡oy
market	targ	tahrg
market-place	plac targowy	plahc tahrgovy
meadow	łąka	wonkah
mile	mila	milah (mi as in mill)
mill	młyn	mwin
monument	pomnik	pomnik
mountain	góra	go͡orah
oats	owies	ovyess [ro
office	kancelarja, biuro	kahncelahryah, bioo-
palace	pałac	pahwahc
path	ścieżka	shcyezhkah
pasture	pastwisko	pahstvisko
plough	pług	pwoog
police-station	policya	policyah
post-office	poczta	pochtah
prison	więzienie	vyenzyenye
public house	szynk	shink

English.	Polish.	Pronunciation.
railway	kolej żelazna	koley zhelahznah
restaurant	restauracya	restahoorahcyah
river	rzeka	zhehkah
road	droga	drogah
rye	żyto	zhito
school	szkoła	shkowah
seed	siemię	syemyeh
shepherd	owczarz	ovchahzh
shop	sklep	sklep
station	stacya	stahcyah
street	ulica	oolicah
telegraph office	biuro telegraficzne	biooro telegrahfichneh
tower	wieża	vyehzhah
theatre	teatr	teahtr
town	miasto	miahsto
train	pociąg	pociong
town-hall	ratusz	rahtoosh
tramway	tramwaj	trahmvahy
tree	drzewo	dzhehvo
university	uniwersytet	oonivehrsitet
village	wieś	vyehsh
waterfall	wodospad	vodospahd
wheat	pszenica	pshenicah

Time and Seasons (Czas i Pory roku).

English	Polish	Pronunciation
Afternoon	popołudnie	popowoodnyeh
beginning	początek	pochontek
birthday	dzień urodzin, urodziny	dziehny'oorojeen y'oorojeeny
Christmas	Boże Narodzenie	bozheh nahrodzenieh
Christmas Eve	Wilia Bożego Narodzenia	viliah bozhehgo nahrodzeniah
dawn	świt	shvit
day	dzień	dzyen-y'
— after to-morrow	pojutrze	poyootzheh
— before yesterday	przed wczoraj	pzhehd vchorahy
days of the week	dnie tygodnia	dnyeh tigodniah
Sunday	Niedziela	nyedzyelah
Monday	Poniedziałek	ponyehjahwek
Tuesday	Wtorek	vtorek

English.	Polish.	Pronunciation.
Wednesday	Środa	shrodah
Thursday	Czwartek	chvahrtek
Friday	Piątek	piontek
Saturday	Sobota	sobotah
Easter	Wielkanoc	vielkahnoss
end	koniec	konyehss
evening	wieczór	vyehchoor
fortnight	dwa tygodnie	dvah tigodnyeh
half	połowa	powovah
half-an-hour	pół godziny	poow gojeeny
holiday	święto	shviento
hour	godzina	gojeenah
last month	przeszły miesiąc	pzhehshwy miehsionss
„ night	wczoraj wieczór	vchorahy viehchoor
„ Sunday	zeszła niedziela	zehshwah niehdzyelah
„ week	zeszły tydzien	zehshwy tidzyen-y'
„ year	zeszłego roku	zeshwehgo rokoo
later on	później	poozhnyey
leap-year	rok przestępny	rok pjehstenpny
Lent	Wielki post	viehlki posst
midnight	północ	poownoss
minute	minuta	minoota
Michaelmas	dzien Swiętego Michała	dzyehn-y' swientego mihahwah
month	miesiąc	miehsionss
months, the		
January	Styczeń	stichen-y'
February	Luty	looty
March	Marzec	mah'zhehss
April	Kwiecień	kvyehciehn-y'
May	Maj	mahy (very like *my*)
June	Czerwiec	chehrvyess
July	Lipiec	lipyess
August	Sierpień	syehrpyen-y'
September	Wrzesień	vzhehsyen-y'
October	Październik	pazhdzyehrnik
November	Listopad	listopahd
December	Grudzień	groodzyen-y'
morning	rano	rahno

English.	Polish.	Pronunciation.
next day	jutro	yootro [sionss
„ month	przyszły miesiąc	pzhishwy myeh-
„ week	„ tydzień	„ tidzyen-y'
night	noc	noss
noon	południc	powoodnyeh
now	teraz	tehrahz
quarter-of-an-hour	kwadrans	kvahdrahnss
season	pora roku	porah rokoo
seasons, the	pory roku	pory rokoo
Spring	Wiosna	viohssnah
Summer	Lato	lahto
Autumn	Jesień	yesveny'
Winter	Zima	zimah
second	drugi	droogjhi
sunrise	wschód słońca	vsho͝od swon-y'sah
sunset	zachód słońca	zahho͝od „
time	czas	chahss
this evening	dziś wieczór	dzish vyehcho͝or
„ morning	„ rano	„ rahno
time (= hour)	godzina	godzinah
„ (= weather)	pogoda	pogodah
to-day	dzisiaj	dzisiahy
to-morrow	jutro	yootro
to-night	dziś wieczór	dzish viehcho͝or
twilight	zmierzch, zmrok	zmyehzhh, zmrohk
week	tydzień	tidzyen-y' [niah
weekday	dzień tygodnia	dzyehn-y' tigod-
Whitsuntide	Zieloneświątki	zyelone shviontki
year	rok	rok
yesterday	wczoraj	vchorahy
yesterday morning	wczoraj rano	„ rahno

Mankind; Relations. (Ludzkość; krewni).

Aunt	ciotka	siotkah
baby	niemowlę	nyehmohvlen
boy	chłopiec	hwohpiehc
bride	narzeczona, panna-młoda	nahzhehchonah, pahnnahmwodah

English.	Polish.	Pronunciation.
bridegroom	narzeczony. pan-	nahzhehchony,pahn-
brother	brat [młody	braht [mwody
child	dziecko	dzyecko
cousin	kuzyn	koozin
daughter	córka	so͝orkah
daughter-in-law	synowa	sinovah
family	rodzina, familja	rojeenah, fahmilyah
father	ojciec	oyciess
father-in-law	teść	tesh-ch
gentleman, Mr.	pan	pahn [nah
girl	dziewczyna, panna	dzyevchynah, pahn-
granddaughter	wnuczka	vnoochkah
grandfather	dziadek	dzyahdek
grandmother	babka	bahbkah
grandson	wnuk	vnook
husband	mąż	monzh
lady, Mrs.	pani [zna	pahni [chiznah
man	człowiek, mężczy-	chwoviek, menzh-
marriage	małżeństwo, zamęż-cie	mahwzhen-y'stvo, zahmen*sh*cyeh
— ceremony	ślub	shloob
mother	matka	mahtkah
mother-in-law	świekra	shviekrah
nephew	synowiec	sinovyehc
niece	synowa	sinovah
parents	rodzice	rohdzycch
people	ludzie (plur.)	loojeh
person	osoba	osobah
single man, bachelor	kawaler	kahvahlehr
single woman,young	panna	pahnnah
sister [lady, Miss	siostra	siostrah
sister-in-law	bratowa	brahtovah
son	syn	sin
step-son	pasierb	pahsiehrb
uncle	wuj	vooy
wedding	wesele	vehsehleh
widow	wdowa	vdovah
widower	wdowiec	vdovyehc
wife	żona	zhonah
woman	kobieta	kobiehtah

The Human Body (Ciało ludzkie).

English.	Polish.	Pronunciation.
Abdomen	brzuch	bzhooh
ankle	kostka	kohstkah
arm	ramie	rahmieh
back	krzyż	kzhizh
beard	broda	brodah
blood	krew	krev
body	ciało	ciahwo
bone	kość	kosh-ch
bowels	wnętrzności	vnentjnoshsi
brain	mózg	moozg
cheek	policzek	polichek
chest	piersi	pyehrsi
cough	kaszel	kahshel
chin	broda	brodah
ear	ucho	ooho
elbow	łokieć	wokyech
eye	oko	okno
eyebrow	brew	brev
eyelid	powieka	povyehkah
face	twarz	tvahzh
finger	palec	pahlehc
foot	noga	nogah
forehead	czoło	chowo
hair, *a* **; hair,**-*s*.	włos, włosy (plur.)	vwoss, vwossy
hand	ręka	renkah
head	głowa	gwovah
heart	serce	sehrceh
heel	pięta	pyentah
kidneys	nerki	nehrki
knee	kolano	kolahno
leg	noga	nogah
limb	członek	chwonek
lip	warga	vahrgah
liver	wątroba	vontrobah
lungs	płuca	pwoocah
moustache	wąs	vonss
mouth	usta	oostah
nail	paznokieć	pahznokyech

English.	Polish.	Pronunciation.
neck	szyja	shi-yah
nose	nos	noss
shoulder	ramię	rahmien
side	bok	bok
skin	skóra	skoŏrah
spine	stos pacierzowy	stoss, pahciehjovy
stomach	żołądek	zhowondek
temple	skroń	skron-y'
throat	gardło	gahrdwo
thumb	wielki palec	vielki pahlehc [ghi
toe	wielki palec u nogi	vielki pahlehc oo no-
tongue	język	yenzik
tooth	ząb	zonb
whiskers	bokobrody	bokobrody
wrist	przegub	pzhehgoob

Bodily and Mental Powers ; Physical Qualities (Cielesne i umysłowe władze; Fizyszne Przymioty).

English	Polish	Pronunciation
Age (of person)	wiek ludzki	viek loodzki
— old	starość	stahrosh-ch
art	sztuka	shtookah
beginning	początek	pochontek
bottom	dno	dno
character	charakter	hahrahktehr
childhood	dzieciństwo	dzyecin-y'stvo
dimensions	wymiary, rozmiary	vimiahry, rozmiahry
breadth	szerokość	sherokosh-ch
depth	głębokość	gwenbokosh-ch
height	wysokość	visokosh-ch
length	długość	dwoogosh-ch
thickness	gęstość	ghenstosh-ch
emotions	wzruszenia	vzroosheniah
anger	gniew	gnyev
dislike	wstręt	vstrent
envy	zazdrość	zahzdrosh-ch
fear	strach	strah-h

English.	Polish.	Pronunciation.
hatred	nienawiść	nyenahvish-ch
joy	radość	rahdosh-ch
love	miłość	mivosh-ch
pleasure	przyjemność	pzhy-yemnosh-ch
surprise	niespodzjanka,	nyespodjahnka
	zdziwienie	zjeevyenyeh
end	koniec	konyehc [cieh
feelings	czucie, uczucie	choocyeh, oochoo-
foolishness, folly	szaleństwo, głup-	shahlehn-y'stvo
	stwo, błazeństwo	gwoopstvo, bwah-
		zen-y'stvo
gentleness	delikatność, uprzej-	delikahtnosh-ch,
	[mość	oopjehymosh-ch
goodness	dobroć	dobroch
greatness	wielkość	vyehlkosh-ch
honesty	uczciwość	oochcivosh-ch
honour	honor	honor
idea	idea, pomysł, myśl	idehah, pomisw,
intellect	umysł	oomisw [mishl
intelligence	inteligencia	intelighenciah
judgment (faculty)	sąd	sond
knowledge	znajomość	znahyomosh-ch
laughter	śmiech [łcenie	shmyeh
learning	uczaność, wykszta-	oochonosh-ch, vyk-
		shtahwceh-nyeh
manhood	wiek dojrzały,	vyek doyzhahwy,me-
middle	środek [męzkość	shrodek [nzkosh-ch
mind	umysł	oomisw
patience	cierpliwość	syehrpliwosh-ch
pleasure	przyjemność	pzhy-yemnosh-ch
politeness	grzeczność	gzhehchnosh-ch
reason (power of)	rozum	rozoom
science	nauka	nahookah
senses, the	zmysły	zmiswy
feeling, touch	dotykanie	dotykahnyeh
hearing	słuch	swooh
seeing, sight	wzrok	vzrok

English.	Polish.	Pronunciation.
smelling, smell	zapach	zahpah-**h**
tasting, taste	smak	smahk
shape	kształt	kshtahwt
size	rozmiar	rozmiahr [smoord
smell (odour)	zapach, odór, smród	zahpah-**h**, odoor,
smiling ; a smile	uśmiech	ooshmye**h**
sneezing ; a sneeze	kichanie, kichnięcie	ki**h**ahnyeh, ki**h**nie**n**-
sorrow	smutek	smootek [cyeh
speaking ; speech	mowa	movah
strength	siła	silah
stupidity	głupota	gvoopotah
surprise	zdziwienie, niespodzianka	zjeevyenyeh, niehspojahnkah
taste (of thing)	smak	smahk
thinking ; thought	myślenie, myśl	mishlenyeh, mishl
top	wierzch	vyej**h**
voice	głos	gwoss
weakness (quality)	słabość	swahbosh-ch
weeping	płacz	pwahch [shch
wisdom	rozum, roztropność	rozoom, roztropno-
womanhood	kobiecość	kobiecosh-ch
youth (quality)	młodość	mwodosh-ch

Health (Zdrowie).

English	Polish	Pronunciation
Accident	wypadek	vipahdek
ambulance	ambulans	ahmboolahnss
appetite	apetyt	ahpehtit
bandage	bandaż	bahndahzh
biliousness	żółciowość	zhoowciovosh-ch
bite	ukąszenie	ookonshenyeh
blister	bąbel	bonbel
bruise	guz, siniak	gooz, siniahk
burn	oparzenie	opahzhenyeh
chemist	aptekarz	ahptehkahzh
chemist's (shop)	apteka	ahptehkah
cholera	cholera	**h**olehrah

English.	Polish.	Pronunciation.
chilblains	odmrożenie	odmrozhenyeh
chill, cold, a	zaziębienie, katar	zahzyenbyenieh, khatahr
constipation	zatwardzenie	zahtvahrdzenyeh
contagion, infection	zaraza	zahrahzah
contagious, infec-	zaraźliwy	zahrah*zh*livy
corns [tious	nagniotki (plur.)	nahgniotki
cough	kaszel	kahshel
cramp	kurcz	koorch
deaf	głuchy	gwoohy
dentist	dentysta	dentistah
diarrhæa	biegunka	biehgoonkah
diet	dieta	diehtah
digestion	trawienie	trahvyenyeh
disease, illness	choroba	horobah
doctor, physician	doktor, lekarz	doktor, lekahj
draught	napój	nahpo͝oy
dysentery	dyzenterja	dizenteryah
exercise	ruch, ćwiczenie ciałar	rooh, chvichenye ciahwah
exhaustion	wyczerpanie	vicherpahnyeh
faint, to	mdleć	mdlech
fainting	mdłość	mdwosh-ch
fever	febra	febrah
fit	złamanie	zwahmahnyeh
fracture	atak	ahtahk
gout	podagra	podahgrah
headache	ból głowy	bo͝ol gwovy
hoarseness	chryqka	hripkah
hospital	szpital	shpitahl
ill, sick	chory	hory
indigestion	niestrawność	niestrahvnosh-ch
inflammation	zapalenie	zahpahlenyeh
lame	kulawy	koolahvy
lint	szarpia	shahrpiah
nurse	pielęgniarka	pyelengniahrkah
ointment	maść	mahsh-ch

English.	Polish.	Pronunciation.
operation	operacia	operahciah
pain	ból	bool
paralysis	paraliż	pahrahlizh
pill	pigułka	pigoowkah
poison	trucizna	troociznah
poultice	kataplazm	kahtahplahzm
prescription	recepta	rehceptah
quinine	chinina	hininah
rest	odpoczynek	odpochinek
remedy	środek, lekarstwo	shrodek, lekahrstvo
rheumatism	reumatyzm	rehoomahtizm
scald	oparzenie	opahzhenyeh
scratch	zadraśnięcie	zahdrahshniencyeh
sea-sickness	wymioty	vimioty
splint	łupki	woopki
sprain	wywichnięcie	vivihniencyeh
sting	ukłucie	ookwoocyeh
stretcher	nosze	nosheh
surgeon	chirurg	hiroorg
symptom	symptom	symptom
temperature	temperatura	temperahtoorah
thermometer, clinical	termometr kliniczny	tehrmometr klinichny
vomit, to	wyniotować	vimiotovahch
well, to be	być zdrowym	bich zdrovim
wound	rana	rahnah

Food and Drink (Pokarm i Napój (Trunek).

Appetite	apetyt	ahpehtit
bacon	słonina	swoninah,
beef	wołowina	vowovinah
beer	piwo	pivo
bottle	butelka	bootelkah
brandy	koniak	koniahk

English.	Polish.	Pronunciation.
bread	chleb	hlehb
„ brown	„ razowy	„ rahzovy
„ new	„ świeży	„ shviezhy
„ stale	„ czerstwy	„ chehrstvy
breakfast	śniadanie	shniahdahnyeh
butter	masło (plur.)	mahswo
cakes	ciastka, placki	siahstkah, plahtski
cheese	ser	sehr
chocolate	czekolada	chekolahdah
claret	czerwone wino	chehrvoneh vino
coffee	kawa	kahvah
cream	śmietanka (sweet)	shmiehtahnkah,
	śmietana (sour)	shmiehtahnah
dinner	obiad	obiahd
eggs	jaja (plur).	yahyah
—, scrambled	jajecznica	yahyechnisah
fat	tłuszcz	twoosh-ch
flour	mąka	monkah
gin	jałowcówka	yahwovso͝ovkah
ham	szynka	shinkah
hunger	głód	gwo͝od
ice-cream	lody (plur).	lody
jam	konfitury (plur.)	konfitoory
— pancakes	naleśniki z konfitu-	nahleshniki z konfi-
kidney	nerki [rami	nehrki [toorahmi
lamb	jagnina	yahgninah
lean	chudy	hoody
meat	mięso	myenso
—, grilled	„ pieczone na-	„ pyechohneh
	kracie	nah krahcieh
—, roasted	pieczeń	pyechen-y'
milk	mleko	mlehko
mustard	musztarda	mooshtahrdah
mutton	baranina	bahraninah
omelet	omlet	omlet
onion	cebula	seboolah
pepper	pieprz	pyepzh

English.	Polish.	Pronunciation.
pork	wieprzowina	vyepzhpovinah [ski
pudding	budeń angielski	booden-y' anghyel-
rice	ryż	rizh
roll (bread)	bułeczka	boowechkah
salad	sałata	sahwahtah
salt	sól	sool
sausage	kiełbasa	kyehwbahsah
soup	zupa	zoopah
sugar	cukier	sookiehr [zhah
supper	kolacya, wieczerza	kolahcyah, vyeche-
tea	herbata	hehrbahtah
thirst	pragnienie	prahgnyenyeh
tooth-pick	wykłówaczka do zębów	vikloovahchkah doh zenboov
veal	cielęcina	cyelencinah
vegetables	leguminy (plur).	legoominy
vinegar	ocet	ocet
water	woda	vodah
wine	wino	vino

Cooking and Table Utensils (Naczynia kuchenne i stołowe).

Basin	miednica	myednicah
coffee-pot	imbryk do kawy	imbrik doh kahvy
corkscrew	korkociąg	korkohchiongh
cup	filiżanka	filizhahnkah
decanter	karafka	kahrahfkah
dish	półmisek	poowmisek
filter	filtr	filtr
fork	widelec	videhless
frying-pan	patelnia	pahtelniah
glass, tumbler	szklanka	shklahnkah
jug	dzbanek, kufel	dzbahnek, koofel
kettle	kocioł	kociow
knife	nóż	noozh

English.	Polish.	Pronunciation.
lid	pokrywka	pokrivkah
mat	rogóżka	rogoozhkah
napkin	serwetka [chów	sehrvetkah [hoov
nut-crackers	dziadek do orze-	dziahdek doh oje-
oven	piec	pyehc
plate	srebro stołowe	srebro stowoveh
salt-cellar	solniczka	solnichkah
saucepan	rondel, (metal) rynka (earth)	rondel, rinkah
saucer	spodek	spodek
serviette	serweta	sehrvehtah
spoon	łyżka	wizhkah
stove	piec	pyehc
strainer	druszlak	drooshlahk
table-cloth	obrus	obrooss
teapot	czajnik	chahynik
tea-spoon	łyżeczka do her-	wizhehchkah doh
tray	taca [baty	tahcah [hehrbahty
tumbler	szklanka	shklahnkah
tureen	waza	vahzah
water-bottle	butelka na wodę	bootelkah nah voden
wine-glass	kieliszek do wina	kyelishek doh vinah

Dress etc. (Ubraniet id).

Bath	kąpiel	konpyel
bodice	stanik	stahnik
bonnet	czepek	chehpek
boot	but [tów	boot
— lace	sznurowadła do bu-	shoorovahdwah doh
bow	kokarda	kokardah [bootoov
bracelet	bransoletka	brahnsoletkah
braces	szelki	shelki
brooch	broszka [nia	broshka [oobrahniah
brush, clothes	szczotka, do ubra-	sh-choahtkah doh
—, nail	„ do paznokci	„ doh pahznokci
—, tooth	„ do zębów	„ doh zenboov

English.	Polish.	Pronunciation.
buckle	sprzączka	spjhonchkah
button	guzik	goozik
button-hook	haczyk do zapinania guzikón	hahchik doh zahpinahniah goozikoov
cap	czapka, kaszkiet	chahpkah, kahshkyet
cloak	płaszcz	pwahshch
clothing, dress	ubranie (man) suknia (woman)	oobrahnyeh, sookniah
coat	surdut	soordoot
comb	grzebień	gjehbyen-y'
corsets, stays	gorset	gorset
cotton	bawełna, perkal (if manufactured)	bahvelnah, pehrkahl
— drawers	majtki	mahytki
dress, gown	suknia, toaleta	sookniah, toahlehtah
evening dress	wieczorna toaleta (for women)	vyehchornah toahlehtah
	ubranie frakowe, frak (for men)	oobrahnyeh frahkoveh, frahk
eye-glasses	okulary	okoolahry
frock-coat	tużurek	toozhoorek
gaiters	kamasze	kahmahsheh
gloves	rękawiczki	renkahvichki
garters	podwiązki	podvionzki
hairpin	szpilka do włosów	shpilka doh vwosoov
handkerchief	chustka do nosa	hoostkah doh nosah
hat	kapelusz	kahpeloosh
hatpin	szpilka do kapelusza	shpilkah doh kahpelooshah
jacket	żakiet	zhahkyet
jewellery	bizuterja	bizhootehriah
knot	węzeł	venzehw
linen	bielizna	biehliznah
lining	podszewka	podshehvkah
looking-glass, mirror	zwierciadło, lustro	zviehrciahdwo, loostro
material (dress, etc.)	materjał	mahtehryahw
calico	perkal	pehrkahl
cloth	sukno	sookmo

English.	Polish.	Pronunciation.
crêpe	krepa	krehpah
flannel	flanela	flahnehlah
linen	płótno	pwootnoh
muslin	muślin	mooshlin
satin	atłas	ahtwahss
silk	jedwab	yedvahb
velvet	aksamit	ahksahmit
morning coat	żakiet	zhahki-et
muff	zarękawek, mufka	zahrenhahvek, moof- [kah
needle	igła	igwah
overcoat	palto	pahltoh
parasol	parasolka	pahrahsolkah
petticoat	spodnica	spohdnicah
pin	szpilka	shpilkah
pocket	kieszeń	kyehshehn-y'
pocket-book	pugilares	pooghilahress
purse	portmonetka	portmonetkah
razor	brzytwa	bzhitvah
ribbon	wstążka	vstonshkah,
ring	pierścionek, obrączka (marriage)	pyehrshcionek, obronchkah
scissors	nożyczki	nozhichki
sewing-cotton	nici bawełniane	nici bahvehwniahneh
sewing-silk	nici jedwabne	„ yedvahbneh
shawl	szal	shahl
shirt	koszula	koshoolah
shoe-horn	róg do bucików	roog doh boocikoor
shoes	buciki	boociki
shirt	spodnica, suknia	spodnicah, sookniah
sleeve	rękaw	renkahr
slippers	pantofle	pahntofleh
soap	mydło	midwo
spectacles	okulary	okoolahry
sponge	gąbka	ghonbkah
stockings	pończochy	pon-y' cho-hy
stud	spinka	spinkah
suit (clothes)	garnitur	gahrnitoor

English.	Polish.	Pronunciation.
tape	miara	miahrah
thimble	naparstek	nahpahrstek
thread	nić	nich
tie, neck-tie	krawat	krahvaht
tooth-powder	proszek do zębów	proshek doh zenbo͞ov
trousers	spodnie	spodnyeh
tunic	tunica	toonikah
umbrella	parasol	pahrahsol
veil	woalka	voahlkah
waistcoat	kamizelka	kahmizelkah
walking-stick	laska	lakskah
watch	zegarek	zehgahrek
wool	wełna	vewnah

Washing List (Spis bielizny po prania).

Aprons	zapazski	zahpahski [neh
blankets	kołdry wełniane	kowdry vehwniah-
blouses	bluzki	bloozki
bodices	staniki	stahniki
bonnets	czepki	chehpki
chemises	koszule [kawe	kochooleh [ronkoveh
collars, lace	kołnierzyki, koron-	kownyehzhyki ,ko-
collars, linen	,, płócienne	,, pwoocyenneh
coverlets	kołdry	kohwdry
cuffs	mankiety [tek	mahnkyehty [ytek
drawers, pairs of	majtki, pary maj-	mahytki, pahry mah-
dresses	suknie	sooknyeh
dressing-gowns	szlafroki	shlahfroki [joo
dusters [ket	ścierki do kurzu	shcyehrki doh koo-
handkerchiefs, poc-	chusteczki do nosa	hoostechki doh nosah
—, silk	,, jedwabne	,, yedvahbneh
napkins	serwetki	sehrvetki
neckties	krawaty	krahvahty
nightshirts, -dresses	nocne koszule	nossneh koshooleh
pants	gatki, gacie	ghatki, ghahcyeh
petticoats	spódnice	spoodniceh

English.	Polish.	Pronunciation.
pillow-cases	piwłóczki na poduszki	pov-woochki nah-podooshki
pinafores [kins	fartuszki	fahrtooshki
serviettes, table nap-	servety	sehrvehty
sheets	prześcieradła	pjehshcyehrahdwah
shirts	koszule	koshooleh
sleeves	rękawy	renkahvy
socks, pairs of	skarpetki, pary skarpetek	skahrpetki, pahry skahrpehtek
table-cloths	obrusy	obroosy
towels	ręczniki	renchniki
under-vests	podkoszulki	podkoshoolki
waistcoats	kamizelki	kahmizelki
—, flannel	—, flanelowe	—, flahneloveh

House and Furniture (Dom i umeblowanie).

Anteroom	przedpokój	pzhedpokooy
armchair	fotel	fotel
ashes	popiół	popioow
attic	strych	strih
basin	miednica	myednicah
basket	koszyk	koshik [kah
bathroom	kąpiel, łazienka	konpyel, wahzien-
bedstead, bed	łóżko	woozhko
belt	dzwonek	dzvonek
blanket	kołdra	kohwdrah
blind	żaluzia	zhahlooziah
bolt	wrzeciądz	vzhehciondz
book	książka	ksionzhkah [zhki
book-shelf	pólka na książki	poowkah nah ksion-
box	pudełko	poodehwko
brick	cegła	cehgwah
broom	miotla	miotwah
candle	świeca	shvyehcah
candlestick	lichtarz	lihtaj
carpet	dywan	divahn

English.	Polish.	Pronunciation.
ceiling	sufit	soofit
cellar	piwnica	pivnicah [nieh
chair, seat	krzesełko, siedzenie	kjehsehwko, syedze-
chandelier, lustre	pająk	pahyonk
chest of drawers	komoda	komodah
clock	zegar	zehgahr
coals	węgle	vengleh
couch	szezląg	shehzlong
counterpane	kapa na łóżko	kahpah nah wŏŏzhko
court-yard	podwórze	podvŏŏjeh
cradle	kołyska	kowiskah
cupboard	szafa	shahfah
curtain	firanka	firahnkah
cushion	poduszka	podooshkah
dining-room	sala jadalma, pokój jadalny	sahlah yahdahlnah, pokŏŏy yahdahlny
door	drzwi	djvi
door-handle	klamka	klahmkah
drawing-room	salon	sahlon [neh
electric light	swiatło elektryczne	sviahtwo ehlektrych-
feather-bed	pierzyna	pyehjinah
fire	ogień	ogyen-y'
fire-place	kominek	kominek
flame	płomień	pwomyen-y'
floor	podłoga	podwogah
floor, storey	piętro	pyentro
footstool	podnóżek	podnŏŏzhek
furniture, piece of	mebel	mehbel
garden	ogród	ogrŏŏd
gas	gaz	gahz
grate	krata	krahtah
hall (entrance)	sień (wejście)	shyen-y', veyshcyeh
hand-basin	miedniczka	myednichkah
hearth (rug)	dywanik przed ko-	divahnik pjed ko-
house	dom [minkiem	dom [minkyem
key	klucz	klooch
kitchen	kuchnia	koohniah

English.	Polish.	Pronunciation.
lamp	lampa	lahmpah
larder	śpiżarnia	shpizhahrniah
latch	klamka	klahmkah
library	biblioteka	bibliotekah
lid	pokrywka	pokrivkah
linoleum	cerata	cerahtah
lock	zamek	zahmek [kah
mat	mata, rogóżka	mahtah, rogho͝ozh-
mattress	materac	mahtehrahc [dwo
mirror	lustro, zwierciadło	loostro, zvyehrciah-
oil-cloth	cerata	cehrahtah
ornament	ozdoba	ozdobah
passage	przejście	pjehyshcyeh
piano	fortepian	fortehpiahn
picture	obraz	obrahz
pillow	poduszka	podooshkah
— case	powłóczka na poduszke	pov-wo͝ochkah nah podooshken
poker	pogrzebacz	pog jehbahch [dovah
porch	brama wjazdowa	brahmah vyahz-
pot	garnek, garczek	gahrnek, gahrchek
quilt	kołrda pikowana	kōwdrah pikovahnah
roof	dach	dah-h
room	pokój	poko͝oy
rug	dywanik	divahnik [kshesswo
seat	siedzenie, kszesto	shyedzenyeh,
sheet	prześcieradło	pjehshcyehrahdwo
shelves	półki	poowki [kah
shovel	łopata, łopatka	wopahtah, wopaht-
sideboard	kredens	kredenss
smoke	dym	dim
soap	mydło	midwo
soot	sadze (plur.)	sahdzeh
spark	iskra	iskrah
stairs	schody	s-hody
stone	kamień	kahmyen-y'
stove	piec	pyehc

English.	Polish.	Pronunciation.
table	stół	stoow
tongs	szczypce	sh-chipceh
towel	ręcznik	renchnik
trunk	kufer, kuferek	koofehr, koofehrek
wall	ściana	shciahnah
wash-stand	umywalnia	oomivahlniah
W.C.	prevet	prehvet
window	okno	okno
— pane	szyba	shibah

Countries and Nations (Kraie i Narody).

America	Ameryka	ahmerikah
an American	Amerykanin	ahmerikahnin
American	Amerykański	ahmerikahn-y'ski
England	Anglia	ahngliah
English	Angielski	ahnghyelski
Englishman	Anglik	ahnglik
Englishwoman	Angielka	ahnghyelkoh
Europe	Europa	ehooropah
European	Europejski	ehooropeyski
France	Francja	frahnciah
French	Francurki	frahncoozki
Frenchman	Francuz	frahncooz
German	Niemiecki	nyemyecki
a German	Niemiec	nyemyehc
Germany	Niemcy	nyemcy
Great Britain	Wielka Brytania	vyelkah britahniah
Poland	Polska	polskah
Pole	Polak	polahk
Polish	Polski	polski
Prussia	Prusy	proosy
Russia	Rosya	rossyah
Russian	Rosyjski	rossy-yski
a Russian	Rosyanin	rossyahnin

Travel by Road and Rail (Podróżowanie drogą koleją).

English.	Polish.	Pronunciation.
Arrival	przyjazd	pj-y-yahzd
bill	afisz	ahfish
booking-office	kassa	kahssah
box (seat)	kozioł	koziow
brake	hamulec	hahmoolehc
bridle	uzda	oozdah [nicah
cabman, coachman	dorożkaż, woźnica	dorozhkahzh, vozh-
carriage	powóz, bryczka	povõoz, brichkah
change, to	przesiąśćsię	pjehsionsh-chsien
cloak-room	pokój bagażowy	pokõoy bahgahzhovy
coach	powóz, kareta	povõoz, kahrehtah
communication	komunikacja	komoonikacyah
compartment	przedział	pjedziahw
conductor	konduktor	kondooktor
cushion	poduszka	podooshkah
custom-house	komora	komorah
custom-house officer	urzednik komory	oojendnik komory
departure	odjazd	odyahzd
electric	elektryczny	ehlektrichny
electricity	elektryczność	ehlektrichnosh-ch
engine	lokomotywa	lokomotivah
entrance	wejście	veyshcyeh
excursion	wycieczka	vicyechkah
exit	wyjście	vy-yshcyeh [shny
express (train)	pociąg pośpieszny	pociong poshpye-
fare	cena jazdy	cehnah yahzdy
fast train	pociąg pośpieszny	pociong poshpye-
guide (man)	przewodnik	pjehvodnik [shny
guide (book)	przewodnik	,,
handbag	sakwojar [pelusz	sahkvoyahzh
hat-box	pudełko na kaka-	poodewho nah kah-
hotel	hotel	hotel [peloosh
inside (of vehicle)	wewnątrz (powozu)	vevnontzh (povozoo)
inspector	inspektor	inspehktor

English.	Polish.	Pronunciation.
interpreter	tłómacz	twomahch
journey	podróż	podrŏŏzh
journey (by train, [etc.)	podróż koleją	,, koleyon
junction	połączenie	powonchehnyeh
key	klucz	klooch
label	etykieta, napis, kartka na...	etykyetah nahpis, kahrtkah nah
landlady	gospodyni	gospodyni
landlord	gospodarz	gospodahj
lavatory	wychodek, prewet	vi**h**odek, prehvet
lodging	pokój umeblowany	pokŏŏy oomeblo- [vahny
luggage	bagaż	bahgahj
motor	motor, samochód	motor, sahmo**h**ŏŏd
motor bus	omnibus samochdny	omniboos sahmo**h**odny
motor-car	samochód, otomobil	sahmoh**h**ŏŏd otomobil
omnibus	omnibus	omniboos
package	pakunek	pahkoonek
passport	paszport	pahshport
payment	płaca, zapłata	pwahcah, zahpwah- [tah
platform	platforma	plahtformah
porter	szwajcar (hotel), tragarz (railway)	shvahycahr, poswahniec
portmanteau	walizka	vahlizkah
railway	kolej żelazna	koley zhehlahznah
railway-carriage	wagon	vahgon
railway-station	stacja koleji	stahcyah koleyi
receipt	kwit	kvit
reins	lejce	leyceh
reserved	rezerwowany	rehzervovahny
rug (travelling)	dywanik, kołdra	divahnik, kōwdrah
saddle	siodło	syodwo
seat	siedzenie, miejsce	syedzenyeh, myey- [sseh
signal	sygnał	signahw
slow train	pociąg	pociong
start, the	odjazd	odyahzd

English.	Polish.	Pronunciation.
station-master	naczelnik stacji	nahchelnik stahcii
ticket	bilet	bilet
time-table	rozkład jazdy	rozkwahd yahzdy
tour	podróż naokoło	podrŏŏzh nah okowo
tourist	podróznik	podrŏŏznik
track	ślad trop ; droga	shlahd trop ; drogah
tram-car	tramwaj	trahmvahy
travel, to	podróżować	podrŏŏzhovahch
trunk	kuferek	koofehrek
tunnel	tunel	toonel
waiter	kelner	kelnehr
waiting-room	poczekalnia	pochekalniah
whip	bat, bicz	baht, bich

Travel by Sea (Podróż na Morzu).

Anchor	kotwica	kotvicah
boat	łódź	wŏŏd*zh*
cabin	kabina	kahbinah
cable	lina okrętowa	linah okrentovah
captain	kapitan	kahpitahn
crew	czeladź okrętowa	chehladzh okrento- [vah
custom-house	komora	komorah
deck	pokład	pokwad
ferry-boat	prom	prom
fishing-boat	statek rybacki	stahtek ribahcki
fishing-net	sieć rybacka	syehch ribahckah
flag	sztandar	shtahndahr
helm	ster	stehr
keel	ano okrętu	dno okrentoo
landing-stage	miejsce do wylądo-wania, przystań	myeysseh do vilon-dovahniah pjistahn-y'
light-house	latarnia morska	lahtahrniah morskah
mast	maszt	mahsht
oar	wiosło	viosswo
pilot	pilot	pillot

English.	Polish.	Pronunciation.
quay	przystán	pzhystany' [linah
rope	sznur, powróz, lina	shnoor, povrooz,
rudder	ster	stehr
sail	żagiel	zhahghiel
ship	okręt	okrent
steamer	parowiec	pahrovyehc
steam-packet	statek parowy	stahtek pahrovy
stern	tył okrętu [wania	tiw okrentoo [niah
tug	statek do holo-	stahtek do holovah-
voyage	podróż	podroozh
wharf	przystań, nad- brzeże	pjistahn-y', nahd- bzhezheh

Amusements (Zabawy).

Admission, charge	bilet	bilet
airship	balon	bahlon
aviator	lotnik	lotnik
ball (dance)	bal	bahl
band (orchestra)	orkestra	orkestrah
cinematograph	kinematograf	kinemahtograhf
circus	cyrk	cirk (*or* seerk)
concert	koncert	koncehrt
accompanist	akompanista	ahkompahnistah
chorus	chór	hoor
music	muzyka	moozikah
pianist	pianista	piahnistah
piano	fortepian	fortehpiann
singer (male)	śpiewak	shpyehvahk
singer (female)	śpiewaczka	shpyehvahchkah
violin	skrzypce	skjipceh
entrance (door)	wejście	veyshcyeh
exhibition	wystawa	vistahvah
exit	wyjście	viishcyeh
reading-room	czytelmia	chitelniah
sports and games	sport i gry	sport i gry
billiards	bilard	bilard

English.	Polish.	Pronunciation.
boxing	pięściarstwo	piensh-chyarstwo
chess	szachy	shahhy
draughts	arcaby	ahrşahby
fishing	towienie ryb	wovienyeh rib
hunting	polowanie, szcz-	polovahnyeh, sh-ch-
races	wyściyi [wanie	vishcighi [vahnyeh
jockey	dżokiej	d-zhokiey
race-course	tor wyścigowe	tor vishciyovyh
race-horse	koń wyściyowy	kon-y' vishcigory
shooting (game)	polowanie	polovahnyeh
swimming	pływanie	pwyvahnyeh
subscription	abonament	ahbonahment
theatre	teatr	tehahtr
act, the	akt	ahkt
actor	aktor	akhtor
actress	aktorka	ahktorkah
curtain	kurtyna	koortinah
dancer	tancerz	tahncej
manager	dyrektor	direktor
opera-glass	lornetka	lornetkah
play	sztuka	shtookah
programme	program	prograhm
scene	scena	senah
boxes	loże	lozheh
gallery	galerya	galehryah
seats	krzesła, miéjsca	kjeswah, mi-eyssah
stage	scena	senah

Photography (Fotografia).

Amateur	amator	ahmahtor
bulging	wypuktość	vipookwosh-ch
camera	kamera	kahmehrah
dark room	ciemny pokój	ciem-ny pokööy
developing	wywołanie	vivowahnyeh
dipper plate-clip	haczyk szczypce	kahchik sh-chipceh
dishes	naczynia	nahchiniah

English.	Polish.	Pronunciation.
enlargement	powiększenie	povyenkshenyeh
fade, to	spłowieć	spwovyech
film	filma	filmah
fixing	utrwalenie	ootrvahlenyeh
flash-light	światło magnezjowe	shviahtwo mahgne-
focus	oguisko	ogniskoh [zioveh
funnel	lejek	leyek
glass measure	miara szklanna	miahrah shklahnnah
lens	soczewka	sochevkah
magic lantern	latarnia magiczna	lahtahrniah mah-ghichnah
negative	negatiwa	neghahtivah
„ paper	papier negatywny	pahpiehr negahtivny
photograph, to	fotografować	fotograhfovahch
photograph, a	fotografia	fotograhfiah
photographer	fotograf	fotograhf
print	druk, odbitka	drook, odbitkah
printing	drukowanie, odbicie	drookovahnyeh, odbicyeh [skah
printing-press	prasa drukarska	prahssah drookahr-
shutter	kalpa, zasówka	klahpah, zahsvŏokah
spirit-level	niwelator	nivelahtor
spot, stain	plama	plahmah
squeegee	walec	vahless
varnishing	lakierowanie	lahkyehrovahnyeh
view-finder	obrazometr	obrahzometr
washing-tank	miedniczka	myednichkah

Correspondence (Korespondencya).

Address	adres	ahdress
blotting-paper	bibuła	biboowah
book	książka	ksionzhkah
date	data	dahtah
envelope	koperta	kopehrtah
ink	atrament	ahtrahment
— stand	kałamarz	kahwahmahj

English.	Polish.	Pronunciation.
letter	list	list
note	kartka, list	kahrtwah, list
paper	papier	pahpyehr
pen	pióro	pio͝oro
pencil	ołówek	owo͝ovek
penholder	rączka dopióra	ronchkah do pio͝orah
penknife	sczyzoryk	schizorik
pillar-box	skrzynka nalisty	skjinkah nah listy
postage	opłata pocztowa	opwahtah pochtovah
— stamp	marka ,,	mahrkah ,,
postal order	przekar pocztowy	pjekahz pochtovy
post-card	karta pocztowa	kahrtah pochtovah
post office	poczta	pochtah
registered letter	list rekomendowany	list rekomendovahny
scissors	nożyczki	nozhichki
seal	pieczątka	pyehchontkah
sealing-wax	lak	lahk [roo
sheet (paper)	arkusz papieru	ahrkoosh pahpyeh-
signature	podpis	podpis
steel-pen	pióro stalowe	pio͝oro stahloveh
telegram	telegram	telegrahm
writing	pisanie	pisahnyeh

Professions and Trades (Zawody i Handle).

Architect	budowniczy	boodovnichy
artist	artysta	ahrtistah
baker	piekarz [fryzjer	piehkahj [friziehr
barber	felczer, cyrulik,	felchehr, ciroolik
bookseller	kięgarz	ksyengahj
brewer	piwowar	pivovahr
butcher	rieźnik	zhezhnik
carpenter	cieśla	ci-eshlah
clerk	kupczyk (shop),, kancelista (office)	koopchik, kahnce-listah
consul	konsul	konsool
cook	kucharz	koohahj

English.	Polish.	Pronunciation.
draper	sukiennik	sookien-nik
engineer	inżynier	inzhinyehr [bon-ah
governess	guwernantka, bona	goovernahntkah,
grocer	kupiec korzenny	koopiehc kozhen-ny
jeweller	złotnik	zwotnik
laundress	praczka	prahchkah
mason	mularz	moolahj
merchant	kupiec	koopi-ehc
messenger	posłaniec	poswahnyehc
miller	młynarz	mwinahj
milliner	m dniarka	modniahrkah [kak
nurse	niańka,manka (wet)	niahn-y'kah, mahm-
physician	lekarz	lekahj
policeman	policyant	policyahnt
porter	tragarz	trahgahzh
printer	drukarz	drookalzh
professor	profesor	profehsor
sailor	majtek	mahytek
servant-maid	służąca	swoozhoncah
shoemaker	szewc	shevhc
smith	kowal	kovahl
stationer	papiernik	pahpiehrnik
student	student	stoodent
tailor	krawiec	krahvyehc
teacher	nauczyciel	nahoochyciel
trade	handel	hahndel
waiter	kielner	kyelnehr
workman	robotnik	robotnik

Commercial Terms (Wyrażenia Handlowe).

Account, the	rachunek	rah-hoonek
— of sale	„ sprzedaży	„ spjedahzhy
—, to close	zamknąć rachunek	zahmknonch rah-hoonek [zhoncy
—, current	rachunek bieżący	rah-hoonek bi-eh-
—, joint	„ wrpólny	„ vspoolny

English.	Polish.	Pronunciation.
account, on	na rachunek wpr̃ló-ny	nah rah-hoonek vspoolny
—, to settle an	sprzedać na ra-	spjedahch nah rah-
accountant	buchalter [chunek	boohahltehr [hoonek
acknowledgment	uznanie	ooznahnyeh
advance	zaliczka (account) podwyżka (raise)	zahlichkah, pod-vizhkah
advertise, to	ogłaszać	ogwahshahch
advertisement	oyłaszenie	ogwoshenyeh [niah
advice, letter of	list zawiadomienia	list zahviahdomyeh-
the agency	agencya	ahghencyah
agent	agent	aghent
apprentice	terminator	tehrminahtor
arrangements	układ	ookwahd
arrears, to be in	być zaległym	bych zahlegwim
assets	masa aktywna	mahssah ahktivnah
assistant, shop	pomocnik handlowy	pomosnik hahndlovy
— (female)	panna sklepowa	pahnnah sklepovah
at sight	na okaziciela	nah okahzicyehlah
at 3 months' date	na termin trzech-miesięczny	nah tehrmin tjeh-miehsienchny
authorisation	upowżnienie	oopovahzhnyehnyeh
authorise, to	upowarnić	oopovahzhnich
average	przeciętnie (adverb)	pjehcyentnyeh
balance	bilans	bilahnss
balance, to	bilansować [sowy	bilahnsovahch [sovy
balance-sheet	rachunek bilan-	rah-hoonek bilahn-
bank	bank	bahnk [vah
— book	książka bankowa	ksionzhkah bahko-
— rate	procent bankowy	procent bahkovy
bankrupt, insolvent	bankrut wypłacalny	bahnkroot vipwacahlny
bankruptcy	bankructwo	bahnkroostvo
bearer	okaziciel	okahzici-el
berth, situation	posada urzad	possahdah, oojond
bill	wexel (bill of hand)	vexel

English.	Polish.	Pronunciation.
bill of lading	zawiadomienie dostawy [tawie	zahviahdomyehnyeh dostahvy [stahvieh
bond, in	wporęczeniu, wzas-	vporenchenioo, vzah-
bonded goods	zastawione towary	zahstahvioneh tovahry
book-keeper	buchalter	boohahltehr
— keeping	buchalterya	boohahltehryah
by double-entry	podwójna	podvooynah
brokerage	faktorstwo	fahktorstvo
business	interesa (plur.)	intehressah
buyer	nabywca	nahbivcah
cargo	ładunek okrętowy	wahdoonek okrentovy
carriage, freight	przewóz, dostawa	pjehvooz, dostahvah
,, paid	,, zapłacony	,, zahpwahcony
cash	gotówka	gotoovkha
cash account	rachunek kasy	rah-hoonek kahsy
— balance	gatówka wkassie	gotoovkah v kahssyeh
—, for	za gotówkę	zah gotoovken
catalogue	katalog	kahtahlog
charter	przywilej, dokument	pjiviley, dokooment
charterer	dający przywilej	dahyoncy piiviley
charter-party	kontrakt pomiędzy osobami	kontrahkt pomyendzy ossobahmi
cheque	czek	chek
claim	pretensia, prawo, żadądie	prehtensiah, prahvo, zhondahnyeh
—, to send in a	posłać żądanie przedstawić rwoje ządanie pretensje	poswah-ch zhondahnieh pjedstahvyeh svoyeh zhondahnye pretensyek
clerk	pisarz, kancelista, kupczyk	pisahzh, kancelistah, koopchik
company, joint stock	kompania, akcje	kompahniah, ahkcyyeh
—, limited	,, ograniczona	,, ograhnichonah
contract, agreement	kontrakt, umowa	kontrahkt, oomovah
—, to make a	zrobić kontrakt	zrobich kontrahkt
contractor	kontrakłujący	kontrahktooyoncy

English.	Polish.	Pronunciation.
cost, insurance and freight (c.i.f.)	koszt, asekuracya ubespiezcenic i przewoz	kosht, ahssehkoorahciah oobespyehchenyeh i pjehvŏŏz
credit, to	wpisać w rejectr co się komu winno, kredytować	vpisah-ch v rehyestr co syen komoo vinno kreditovah-ch
creditor	wierzyciel	vi-ejycyel
counting-house	oddział buchalteryjny	oddziahw boohahlterhry-iny
custom-house	komora celna	komorah celnah
customs duty	opłata celna, cło	opwahtah „ swo
damages, compensation	odszkodowanie wynagrodzenie	odshkodovahnyeh vinahgrodzenyeh
debit and credit	debit i kredyt	debit i kredit
debit, charge, to	zapisać w rejestr co kto winien, debitować	zahpisahch v reyestr so kto vinyen, debitovahch
debt	dług	dwoog
debtor	dłużnik	dwoozhnik
declaration	deklaracja	deklahraciah
deliver (goods), to	dostawić towar	dostahvich tovahr
the delivery (goods)	dostawa towaru	dostahvah tovahroo
delivered free	dostawione darmo	dostahvioneh dahrmo
demurrage	wynagradzenie	vihangrodzenyeh
department (shop)	oddział, sekcya	oddziaw, seksiah
deposit (bank)	depozyt	depozit
— (part payment)	zadatek	zahdahtek
director	dyrektor	direktor
discount	dyskonto	diskonto
discount, to	dyskontować	diskontovahch
dividend warrant	plenipotencya na dywidendę	plenipotenciah nah dividenden
draft, bill	weksel, asygnacya	veksel, ahsignahciah
to draw upon, to	wystawić weksel na kogo	vistahvich veksel nah kogo

English.	Polish.	Pronunciation.
drawee	osoba na którą wexel jest wystawiony [sel	ossobah nah ktŏŏron veksel yest vistahviony [veksel
drawer	wystawiający wek-	vistahviahyoncy
dues, dock and harbour	należność, warsztat okrętowy i port	nahlezhnosh-ch, vahrshtaht okrentovy i port
duty, liable to	podległy celnej opłacie	podlegwy celney opwahcyeh
— free	wolny od cła	volny od swah
—, the export	opłata za wywóz	opwahtah zah vivŏŏz
—, the import	,, ,, przywóz	,, ,, pjivŏŏz
enclosed (herewith)	tu załączony	too zahwonchony
endorse, to	indorsesować weksel, żyrować	indorsovahch veksel zhirovahch
endorsee	osoba dla klórej weksel jest żyrowany	osoba dlah ktŏŏrey veksel yest zhirovahny
endorsement	żyro	zhiroh
endorser	żyrant	zhirahnt [cenahn
estimate	oszacowanie, cena	oshahsovahnyeh,
estimate, to	szacować, cenić	shahcovahch, cenich
exchange	wymiana, zmiana	vimiahnah, zmiah
export (-ation)	wywóz, eksport	vivŏŏz, eksport [nah
exporter	wywoziciel, eksportujący	vivozicyel, eksportooyoncy
exports	wywóz, eksportowane towary	vivooz, eksportovahneh tovahry
firm	firma	firmah
forwarding	przesłanie	pjeswahnyeh
free on board (f.o.b.)	bezpłatnie na statek	bezpwahtnyeh nah
guarantee	gwarancya	gvahranciah [stahtek
the gross weight	ogólna waga [zic	ogŏŏlnah vahgah
import, to	importować, wwo-	importovahch, vvo-
importer	importer	importer [zich
imports	towary importowane	tovahry importovahneh

English.	Polish.	Pronunciation.
information	uwiadomienie	ooviahdomyehnyeh
insolvent, *adj.*	niewypłacalny	ni-ehvypwahsahlny
instalment	rata	rahtah
insurance	asekuracya	ahsehkoorahciah
— policy	,, polisy	,, polisy
— premium	premium asekuracyjne	prehmioom ahssekoorah ci-ineh
— rates	raty asekuracyjne	rahty ahsehkoorahci-ineh
— underwriter	asekurujący	ahsehkoorooyoncy
insure, to	zaasekurować	zah-ahsehkooro-
interest, rate of	procent	procent [vahch
introduction	polecenie, rekomendacya	polehcenyeh, rekomendahciah
—, letter of	list polecający, ,, rekomendacy-	list polehcahyoncy ,, rekomenda-
invoice	faktura [jny	fahktoorah [lici-iny
lease	wynajęcie, aręda, dzierżawa, kontract	vinahyencyeh, ahrendah, dzyehrz hahvah, kontrahkt
lessee	dzierżawca, arędarz	dzyehrzhahvcah, ahrendahj
lessor	wydzierżawiający dający w aręde	vidziehrzhahviahyoncy, dahyoncy v ahrenden
liquidation	likwidacya	likvidahcyah
load, to	ładowac	wahdovahch
loss	zynba, strata	zgoobah, strahtah
manager	dyrektor, rządca	direktor, jondsah
market	jarmark, targ, rynnek, kupno, sprzedaż, handel popyt	yahrmahrk, tahrg, rinek, koopno, spjehdahzh, hahndel, popit. [rchny
market-day	dzień jarmarczny, ,, targowy	dzyen-y' yahrmah- ,, tahrgovy
market-price	cena handlowa	cenah hahndlovah
money market	targ pieniężny	tahrg pyehnyenzhny

English.	Polish.	Pronunciation.
negotiable	podleyający negocjacji	podlegahyoncy nehgocyahcyi
—, not	nie ,, ,,	nieh ,, ,,
net (nett)	cena netto	cenah netto
number (house)	numer domu	noomehr domoo
order (for goods)	obstalunek zamówienie	obstahloonek zahmo͝ovyehnieh
payable	płatny	pwahtny
payment	płata	pwahtah
prepaid	zapłacony naprzód ,, z góry	zahpwahcony nahp-jo͝od ,, z go͝ory
price	cena	cenah
—, the cost	koszt	kosht
— list	cennik	cennik
—, trade	cena handlowa	cenah hahndlovah
wholesale	hurtem	hoortem
prohibited goods	towary zabronione	tovahry zahbronyone
prospectus	prospect	prospect
quotation	cytacia (*liter.*) cena (*bus.*)	citahcyah, cenah
receipt	kwit	kvit
reduction	zniżenie ceny	znizhenyeh ceny
register, to	rekomendować rejestrować	rekomendovahch zeyestrovahch
registered letter	list rekomendowany	list rekomendovhany
,, tonnage	zarejestrowana objętość	zahreyestrovahnah obyentosh-ch
registration	rejestrowanie	reyestrovahnyeh
remittance	przesłanie pieniędzy	pjehswahnieh pyehnyendzy
rent	komorne, dzierżawne	komorneh, dzyehrzhahvneh
reply by telegram	odpowiedź telegraficzna	odpoviehd*zh* telehgrahfichnah
representative	przedstawiciel	pzhedstahvicyel
retail business	handel drobiazgowy	hahndel drobiahzgovy

English.	Polish.	Pronunciation.
salesman	komisant	komisahnt
secretary	sekretarz	sekretahj
settlement	zamknięcie rachunku, uregulowanie	zahmkniencyeh rahhoonkoo, ooregoolovahnyeh
shareholder	akcjonarjusz	ahkcionahryoosh
shares	akcje	ahkcyeh
ship, to	wysłać okrętem	viswahch okrentem
shipper	wysyłacz	vissiwahch
shipping charges	koszta wysłania statkiem	koshtah viswahniah stahtki-em
solvent	wypłacalny	vipwahsahlny
stock (of goods)	zapas towarów	zahpahss tovahroov
— (security)	akcje	ahcieh
— broker	kandlarz akcyami	hahndlahj ahkciahmi
— taking	robienie inwentarza	robi-enyeh inventahzhah
telegraphic address	adres telegraficzny	ahdress telehgrahfichny
towing charges	koszt holowania	kosht holovahniah
trade, commerce	handel	hahndel
trade (deal) in, to	kandlować	hahndlovahch
traveller, the commercial	komiwojażer	komivoyahzhehr
trustee	pełnomocnikk, uratormasy,opiekun, administrator	pehwnomosnik, koorahtor mahsy, opyehkoon, ahdministrahtor
— in bankruptcy	administrator, bankruty	ahdministrahtor bahnkrooty
unloading	wyładowanie	viwahdovahnyeh
value	wartość, walor	vahrtosh-ch, vahlor
warehouse	skład	skwahd
—, bonded	„ w zastawie	„ v zahstahvyeh
wholesale, *adj.*	hurtowny	hoortovny
wharf	port, nadbrzeże	port, nahdbjehzheh
wharfage	portowe	portoveh

Military and Naval Terms
Wyrażenia Wojskowe i Marynarskie.

English.	Polish.	Pronunciation.
Ammunition	ammunicya	ammoonicyah
arms	broń	brony'
army	armia	ahrmiah
artillery	artylerya	ahrtilehryah
barracks	koszary	koshahry
battalion	batalion	bahtahlion
battle	bitwa	bitvah
bayonet	bagnet	bahgnet
bomb	bomba	bombah
brigade	brygada	brygahdah
camp	obóz	oboz
captain	kapitan	kahpitahn [dah
cavalry	kawalerya, jarda	kahvahlehriah, yahz-
colonel	pułkownik	poowkovnik
command	komenda	komendah
commander	komendant	komendahnt
company	kompania	kompahniah
corporal	kapral	kahprahl
court-martial	sąd wojenny	sond voyenny
defeat	porażka	porahżkah
deserter	zbieg	zbjeg
division	dywizya	divizyah
drill	mustra	moostrah
enemy	nieprzyjaciel	niepjy-yahci-el
engineers	inżynierowie	inzhiniehrovieh
escort	eskorta	eskortah
field-marshal	marszałek polny	mahrshahwek polny
flag	sztandar	stahndahr
fortress	forteca	fortecah
garrison	garnizon	gahrnizon [rahw
general	jenerał, generał	yenehrahw, gehneh-
guard	gwardja [ba	gvahrdyah
gun	armata (art.) strzel-	ahrmahtah, stjelbah
infantry	piechota	pi-ehhotah

English.	Polish.	Pronunciation.
lieutenant	porucznik [nik	poroochnik
lieutenant-colonel	pułkownik-porucz-	po͝owkovnik-po-
manœuvre	manewr	mahnevr [roochnik
major	major	mahyor
march	marsz	mahrsh
mutiny	bunt	boont
officer	oficer	oficehr
parade	parada	pahrahdah
peace	pokój	poko͝oy
private	proity żołnierz	prosty zhowniej
rank	ranga	rahngah
regiment	półk	po͝owk
regimental	pułkowy	poowkovy
retire	cofnąć się	sofnonch syen
retreat	cofanie się	sofahnyeh syen
revolver	rewolwer	rehvolvehr
rifle	karabin, strzelba	kahrahbin stjelbah
salute	salutowanie	sahlootovahnyeh
sapper	saper	sahper
scout	podjazd	podyahzd
sergeant	sierżant	syehrzhahnt
sergeant-major	,, major	,, mahyor
shell	bomba	bombah
ship	statek, okręt	stahtek, okrent
shot	strzał	stzhahw
signal	sygnał	signaw
skirmish	potyczka	potichkah
soldier	żołnierz	zhownyehj
spy	szpieg	shpyeg
squadron	szwadron	shvahdron
stable	stajnia	stahyniah
sword	szabla	shahblah
trenches	szańce	shahny'ceh
troops	wojsko	voysko
trumpet	trębacz	trenbahch
uniform	mundur	moondoor
victory	zwycięztwo	zvycyenztvo

English.	Polish.	Pronunciation.
war	wojna	voynah
wound	rana	rahnah

Religious Terms (Wyrażenia Religijne).

Almighty	Wszechmogący	vshehhmogoncy
apostle	apostół	apostoow
Bible	Biblia	bibliah
blessed	błogosławiony, święty	bwogoswahviony, shvienty
Blessed Virgin	Matka Boska, Najświętsza Panna	mahtkah boskah nahyshventshah
Church	kościół	koshcioow [pahnnah
creator	stwórca	stvoorsah
God	Bóg	boog
gospel	ewangelja	evahnghelyah
Heaven	Niebo	nyehbo
Hell	Piekło	pyekwo
holy	święty	shvyenty [yah
Holy Communion	święta komunja	shvyentah komoon-
,, Ghost	Duch święty	dooh shvyenty
,, Week	Wielki Tydzień	vielki tidzyen-y'
hymn-book	zbiór hymnów	zbioor himnoov
Jesus Christ	Jezus-Chrystus	yezooss-hristooss
Jew	Żyd	zhid
Lord	Pan	pahn
mass	Msza	mshah
New Testament	Nowy-Testament	novy-testahment
offering	ofiara, ofiarowanie	ofiahrah, ofiahrovahnyeh
Old Testament	Stary-Testament	stahry testahment
prayer-book	książka do nabożeństwa	ksionzhkah do nahbozhen-y' stvah
preacher	kaznodzieja	kaznodzyehyah
priest	ksiądz, kapłan	ksiondz, kahpwahn
Saviour	Zbawiciel	zbahvicyel
service	nabożeństwo	nahbozhen-y'stvo

English.	Polish.	Pronunciation.
sin	grzech	gzheh
sinner	grzesznik	gzheshnik
synagogue	bóżnica	boozhnicah

Cardinal Numbers (Liczebniki Głowne).

0	zero	zero
1	jeden	yed-en
2	dwa	dvah
3	trzy	tjy
4	cztery	chtehry
5	pięć	pi-ench
6	sześć	shesh-ch
7	siedm	syehdm
8	ośm	oshm
9	dziewięć	jehvyench
10	dziesięć	jehsyench
11	jedynaście	yedynahshyeh
12	dwanaście	dvahnahshyeh
13	trzynaście	tjynahshcyeh
14	czternaście	chtehrnahshcyeh
15	piętnaście	pientnahshcyeh
16	szesnaście	shessnahshcyeh
17	siedemnaś-cie	si-ehdemnah-shcyeh
18	ośmnaście	oshmnahshcyeh
19	dziewięt-naście	dzi-ehvi-ent-nahscyeh
20	dwadzieś-cia	dvahdzi-esh-ciah
21	,, jeden	,, yed-en
22	,, dwa	,, dvah
23	,, trzy	,, tjy
24	,, cztery	,, chtehry
25	,, pięć	,, pyench
26	,, sześć	,, shesh-ch
30	trzydzieęći	tjidzi-eshci
35	,, pięć	,, pyench
40	czterdzieści	chterdzi-esh-ci
46	,, szeęć	,, shesh-ch
50	pięćdziesiąt	pienchdzi-e-siont
57	,, siedm	,, syehdm
60	sześćdzie-siąt	shesh-chdzi-e-siont
68	sześćdzie-siąt ośm	,, oshm
70	siedemdzie-siąt	syehdemdzi-eh-siont
79	,, dzie-więć	,, dzi-e-vyench
80	osiemdziesiąt	osiemi-esiont
90	dziewięćdzi-siąt	dzi-ehvienchdzyehsiont
100	sto	sto
101	,, jeden	sto yed-en
110	,, dziesięć	,, dzi-ehsyench
120	,, dwadzi-eścia	,, dvahdzi-esh-ciah
130	,, trzydzi-eści	,, tjidzi-eshci ,,
200	dwieście	dvi-eshcyeh
1000	tysiąc	tisionss
2000	dwa ty-siące	tvah tisionceh

English.	Polish.	Pronunciation.
27	„ siedm	„ syedm
28	„ ośm	„ oshm
29	„ dziewięć	„ dzyehvyench
the year 1925	rok tysiączny dziewięćsetny dwudziesty piąty	rok tisionchny dzi-ehvienchsetny dvoo-dzi-esty pionty
10,000	dziesięć tysięcy	dzi-ehsiench tisiency
a million	milion	milion
two millions	dwa miliony	dvah [miliony

Ordinal Numbers (Liczebniki porządkowe).

First	pierwszy	pyervshy
second	drugi	drooghi
third	trzeci	tzhehci
fourth	czwarty	chvahrty
fifth	piąty	pionty
sixth	szósty	shŏŏsty
seventh	siódmy	siŏŏdmy
eighth	ósmy	ŏŏsmy
ninth	dziewiąty	dzi-ehvionty
tenth	dziesiąty	dzi-ehsionty
eleventh	jedynasty	yehdynahsty
twelfth	dwunasty	dvoonahsty
thirteenth	trzynasty	tzhynahsty
fourteenth	czternasty	chtehrnashsty
fifteenth	piętnasty	pi-entnahsty
sixteenth	szesnasty	shessnahsty
seventeenth	siedemnasty	syehdemnasty
eighteenth	osiemnasty	osyemnahsty
nineteenth	dziewiętnasty	dzi-ehvientnasty
twentieth	dwudziesty	dvoodziesty
twenty-first	dwudziesty pierwszy	dvoodzesty piervshy
twenty-second	dwudziesty drugi	dvoodzi-esty drooghi
thirtieth	trzydziesty	tzhydzi-esty
fortieth	czterdziesty	chterdzi-esty
fiftieth	pięćdziesiąty	pyenchdzi-ehsionty

English.	Polish.	Pronunciation.
sixtieth	sześćdziesiąty	shehshcichdzi-eh-sionty
seventieth	siedemdziesiąty	syehdemdzi-ehsionty
eightieth	osiemdziesiąty	osyehmdzi-ehsionty
ninetieth	dziewięćdziesiąty	dzyehvyenchedzi-eh-sionty
hundredth	setny	setny
hundred and first	setny pierwszy	setny pyehrvshy
hundred and second	setny drugi	setny drooghi
two hundredth	dwóchsetny	dvo͝ohsetny
thousandth	tysiączny	tisionchny
two thousandth	dwutysiączny	dvootisionchny
millionth	milionowy	milionovy

Collective Numbers (Liczebniki Zbiorove).

A couple	para	pahrah
double	podwójny	podvo͝ogny
dozen	tuzin	toozin
the first time	pierwzsy raz, piew-szą razą	pyehrvshy rahz pyehrvshon rahzon
a fifth	piąty	pionty
the half	połowa	powovah
once	jednego razu	yednehgo razoo
a pair	para	pahrah
secondly	powtóre drugi raz [razą	povto͝oreh drooghi rahz
the second time	drugi raz, drugą	droogon rahzon
a third	trzeci	tzhehci
threefold	potrójny	potro͝oyny
twice	dwa razy	dvah rahzy

Adjectives (Przymiotniki).

Alive	żywy, zyjący	zhivy, zhi-yoncy
angry	gniewny, rozgnie-	gnie-evny, rozgni-eh-
awkward	niergrabny [wany	ni-ezgrahbny [vahny

English.	Polish.	Pronunciation.
bad	zły	zwy
beautiful	piękny	pie**n**kny
better	lepszy	lepshy
bitter	gorzki	gojki
blind	ślepy	shlehpy
blunt	tępy	te**n**py
bold	śmiały	shmiahwy
broad	szeroki	shehroki
certain	pewny	pevny
cheap	tani	tahni
clean	czysty	chisty
clear	jasny	yahsny
clever	zdolny, sprawny	zdolny, sprahvny
cold	zimny	zimny
content(ed)	zadowolony	zahdovolony
courageous	odważny	odvahzhny
cowardly	tchórzliwy	thoojlivy
dark	ciemny	ci-emny
deaf	głuchy [luby	gwoo**h**y [looby
dear (beloved)	drogi, ukochany,	droghi, ooko**h**ahny,
dear (expensive)	drogi	droghi
deep	głęboki	gwe**n**boki
delightful	rozkoszny, miły	rozkoshny, miwy
difficult	trudny	troodny
dirty	brudny	broodny
dry	suchy	soo**h**y
dumb	niemy	ni-ehmy
early	ranny, wczesny	rahnny, vchesny
easy	łatwy	wahtvy
equal	równy	ro͝ovny
empty	próżny	pro͝ozhny
false	fałszywy	fahwshivy
fat	tłusty, tuczny	twoosty, toochny
fierce	dziki, srogi	dziki, srogi
filthy	brudny, plugawy	broodny, plooghahvy
fine	cienki, drobny, delikatny	ci-enki, drobny, delikatny

English.	Polish.	Pronunciation.
flat	płaski	pwahski
foolish	głupowaty, nierozsądny	gwoopovahty, ni-eh-rozsondny
frequent	częsty	chensty
fresh	świeży	shvyehjy
full	pełny	pehwny
gay	wesoły	vehsowy
gentle	łogodny, łaskawy	wahgodny,waskahvy
glad	zadowolony, szczęśliwy	zahdovolony, sh-chenshlivy
good	dobry	dobry
great	wielki	vyelki
handsome	piękny	pyenkny
happy	szczęśliwy	sh-chenshlivy
hard	twardy	tvahrdy
healthy	zdrowy	zdrovy
heavy	ciężki	cyenzhki
high	wysoki	visoki
hollow	zapadły, próżny we środku	zahpahdwy, proozny ve shrodkoo
honest	uczciwy	oochcivy
hot	gorący	goroncy
hungry	głodny	gwodny
ill	chory	hory
innocent	niewinny	nyehvinny
just	sprawiedliwy	sprahvi-edlivy
lame	kulawy	koolahvy
large	szeroki, wielki	sheroki, vielki
late	późny	poozhny
lazy	leniwy	len-i-vy
lean	chudy	hoody
little	mały	mahwy
long	długi	dwooghi
loud	głośny	gwoshny
low	nizki	nizki
mad	szalony, wściekły [(dog)	shahlony, vshsi-ekwy
mild	łogadny	wahgodny

English.	Polish.	Pronunciation.
narrow	wązki	vonzki
near	blizki	blizki
new	nowy	nóvy
nice	przyjemny, ładny	pjy-yemny, wahdny
old	stary	stahry
open	otwarty	otvahrty
pale	blady	blahdy
polite	grzeczny	gżhechny
poor	biedny	bi-ed-ny
pretty	ładny	wahdny
proud	dumny	doomny
public	publiczny	pooblichny
pure	czysty	chisty
quick	prędki	prendki
rich	bogaty	bogahty
right (correct)	przyzwoity, dobry	pzhizvoity, dobry
— (-hand)	prawa ręka	prahvah renkah
ripe	dojrzały	doyzhahty
rough	szorstki	shorstki
round	okrągły	okrongwy
sacred	święty	shvi-enty
sad	smutny	smootny
sharp	ostry, bystry (wit)	ostry, bistry
short	krótki	kro͞otki
slow	powolny	povolny
small	mały	mahwy
smooth	gładki	gwahdki
soft	miękki	myenkki
sour	kwaśny	kvahshny
square	kwadratowy	kvahdrahtovy
strange	dziwny, obcy	dzivny, obcy
strong	silny, mocny	silny, mohcny
stupid	głupi	gwoopi
sweet	słodki	swodki
ender	delikatny, miękki	delikahtny, myenkki
hick	gruby	grooby
hin	cienki	cyenki

English.	Polish.	Pronunciation.
troublesome	niespokojny	nyehspokoyny
true	prawdziwy	prahvdzivy
ugly	brzydki	bzhidki
unlucky	nieszczęśliwy	nyesh-chenshlivy
useful	pożyteczny	pozhytechny
vain	prózny	proózhny
warm	gorący	goroncy
weak	słaby	swahby
well	zdrowy, dobry	zdrovy, dobry
wet	mokry	mokry
wicked	zły, występny	zwy, vystenpny
wide	szeroki	sheroki
wild	dziki	dziki
wise	rozsądny, doświadczony	rozsondny, doshviahdchony
worse	gorszy	gorshy
wrong	błędny, inny	bwendny, inny
young	młody	mwody

Verbs (Czasowniki *or* Słowa).

To accept	przyjąć	pzhy-yonch
admire	podziwiać, uwielbiać	pojeeviahch, oovyelbiahch
answer	odpowiedzieć	odpoviehjehch
approve	potwierdzać pochwalać	potvyerdzahch, pohvahlahch
arrive	osięgnąć, przybyć	osyengnonch, pjybich
ask	pytać się	pitahch syen
awake	zbudzić się, zbudzic	zboojich syen, zboojich
beat	bić	bich
begin	zacząć	zahchonch
believe	wierzyć	vyehzhich
blame	ganić	ghahnich
borrow	pożyczyć od kogo	pozhichich od kogo
build	budować	boodovahch
buy	kupować	koopovahch

English.	Polish.	Pronunciation.
To calculate	rachować	rah-hovahch
call	wołać	vowahch
carry	nosić	nosich
chat	gawędzić	gavenjich
consent	zezwolić	zezvolich
continue	kontynuować	kontynoo-ovahch
cook	gotować	gotovahch
cough	kaszleć	kahshlech
cover	przykryć	pzhykrich
cut	ciąć	sionch
dance	tanczyć	tahn-chich
deny	przeczyć	pzheh-chich [hahch
depart	odejść, odjechać	odeysh-ch, od-yeh-
descend	zejść na doł, zstąpić	zeysh-ch nah doow,
		zstonpich
desire	żądać, życzyć	zhondahch, zhichich
despise	gardzić	gahrjich
die	umierać	oomyehrahch
dine	obiadować	obiahdovahch
dispute	dysputować	dispootovahch
dream	śnić	shnich
dress	ubierać się	oobiehrahch syen
drink	pić	pich
eat	jeść	yesh-ch [rahch
embrace	ściskać, zawierać	sciskahch, zahvyeh-
esteem	cenić	sehnich
exclaim	wykrzyknąć	vikjiknonch
excuse	usprawiedliwić	oosprahvi-edlivich
explain	wytłomaczyć	vitwomahchich
fall	upaść	oopahsh-ch
feel	czuć	chooch
find	znaleźć	znahlezh-ch
finish	skończyć	skon-y'chich
flatter	pochlebiać	pohleb-i-ahch
follow	iść zakim	ish-ch zah kim
forget	zapomnieć	zahpomnyehch
give	dać	dahch

English.	Polish.	Pronunciation.
To go	iść	ish-ch
grow	rosnąć	rosnonch
hate	nienawidzeć	ni-eh-nahvidzyehch
hear	słuchać	swoohahch
hide	chować	hovahch
honour	szanować	shahnovahch
hope	mieć nadzieję	myehch nahji-eh-yen
imagine	wyobrażać sobie	vyobrashzhahch so-byeh
imitate	naśladować	nahshlahdovahch
insult	obrażać	obrahzhahch
joke	żartować	zhahrtovahch
jump	skakać	skahkahch
know	wiedzieć	viedzyehch
laugh	śmiać się	shmiahch syen
learn	uczyć się	oochich syen
lend	pożyczyć	pozhichich
live	żyć	zhich
lose	zgubić	zgoobich
love	kochać	kohahch
meet	spotkać	spotkahch
offend	obrazić	obrahzich
open	otworzyć	otvozhich
paint	malować	mahlovahch
pay	płacić	pwahsich
play	grać	grahch
pluck	skubać, rwać	skoobahch, rvahch
praise	chwalić	hvahlich
present	podarować	podahrovahch
punish	ukarać	ookarahch
quarrel	kłócić się	kwoosich syen
read	czytać	chitahch
reap	żąć	zhonch
receive	odbierać	odbiehrahch
refuse	odmówić	odmoovich
regret	żałować	zhahwovahch
rejoice	cieszyć się	ci-eshich syen

English.	Polish.	Pronunciation.
To remember	pamiętac	pahmye**n**tahch
repeat	powtarzać	povtahzhach
repent	żałować	zhahwovahch
reply	odpowiedzeć	odpovyedzech
rest	odpocząć	odpocho**n**ch
return	wrócić	vroosich
roast	piec, smarzyć	pyehc, smahzhic
run	biegać, biec	byehgahch, bieh
say	mówić	moovich
see	widzieć	vidzi-ech
sell	sprzedawać	spzhehdahvahch
send	postać	poswahch
show	pokazać	pokahzahch
sigh	wzdychać	vzdy-**h**ahch
sing	śpiewać	shpyehvahch
sit	siedzieć	syehjdzi-ehch
sleep	spać	spahch
sneeze	kichać	ki**h**ahch
sow	siać	si-ahch
speak	mówić	moovich
spin	prząść, snuć	pjo**n**sh-ch, snooch
steal	kraść	krahsh-ch,
swear	kląć, przysiądz	klo**n**ch, pzhisio**n**dz
take	brać	brahch
taste	kosztować	koshtovahch
tell	powiedzieć	povyedzi-ehch
thank	dziękować	dzi-e**n**kovahch
think	myśleć	mishlech
throw	rzucać, ciskać	joocahch, ciskahch
translate	tłómaczyć	twoomahchich
travel	podróżować	podroozhovahch
wash	myć, myć się	mich, mich sye**n**
weep	płakać	pwahkahch
weigh	ważyć	vahzhich
wish	życzyć	zhichich
work	pracować	prahcovahch
write	pisać	pisach

Adverbs, Conjunctions and Prepositions
Przysłówki, Spójniki i Przyimki.

English.	Polish.	Pronunciation.
About	około, blizko, względem	okowo, blizko, vzglendem
above (*prep.*)	powyżej, nad	povizhey, nahd
according to	zgodnie, podług	zgodnyeh, podwoog
after	potem, po	potem, po
again	znowu	znovoo
against	przeciw	pzhehciv
almost	prawie, niemal	prahvyeh, nyehmahl
already	już	yoozh
also	także	tahkzheh
although	lubo, chociasz	loobo, hociahj
altogether	całkiem, zupełnie	cahwkyem, zopeh-
always	zawsze	zahvsheh [wnyeh
amongst	pomiędzy, między	pomyendzy, myen-
and	i [dzie	i [dzy
anywhere	gdziekolwiek, wszę-	gdzi-ehkolvi-ek, vsh-endzyeh
around	około, koło	okowo, kowo
as	jak	yahk
as soon as	tak prędko jak	tahk prendko yahk
at	w, do, na, o	v, do, nah, o
at last	nareszcie	nahreshcyeh
at least	przynajmniej	pzhinahymnyey
at once	natychmiast	nahtyhmiahst
badly	źle	zhleh
because	gdyż, albowiem, bo	gdizh, albovyem, bo
before	przed, przedtem	pzhed, pzhedtem
behind	z tyłu, za	ztiwoo, zah
below (*adj.*)	niżej, poniżej	nizhey, ponizhey
„ (*prep.*)	pod	pod
beside	lub (*prep.*) obok, nadto (*adv.*)	loob, obok, nahdto
better (*adv.*)	lepiej	lepyey
between	pomiędzy	pomyendzy

English.	Polish.	Pronunciation.
but	lęcz, ale, tylko [nie	lech, ahlehtilko
certainly	pewnie, niezawod-	pevnyeh, nyehzah-vodnyeh
consequently	zatem, więc	zahtem, vyenss
down	na dół, u dołu, na dole	nah doow, oo dowoo, nah doleh
during	podczas	podchahss
early	wcześnie	vcheshnyeh
either—or	albo—albo	ahlbo-ahlbo
enough	dość, dosyć	dosh-ch, dosich
everywhere	wszędzie	vshendzi-eh
except	z wyjątkiem	z vy-yontkyem
for (*conj.*)	gdyż, bo, albowiem	gdizh, bo, albovyem
,, (*prep.*)	dla, z, do, o	dlah, z, do, o
from	od, z, dla	od, z, dlah
further	dalej	dahley
here	tutaj, tu	tootahy, too
how	jak	yahk
however	aczkolwiek	ahchkolvyek
how much ?	ile ?	ileh ?
if	jeżeli	yezheli
in	w	v
indeed	istotnie, w istocie	istotnyeh, v istocyeh
instead of	zamiast	zahmiahst
late	późno	pŏŏzhno
less	mniej	mnyey
more	winęcej	viencey
much	wiele	vi-ehleh
near	blizko	blizko
nearly	prawie	prahvyeh
neither—nor	ani—ani	ahni—ahni
never	nigdy	nigdy
no	nie	nyeh
not	zupełnie nie, wcale nie	zoopewnieh nyeh, vsahleh nyeh
not at all		
not yet	nie teraz, nie jeszcze	ni-eh tehrahz, nieh yesh-cheh

English.	Polish.	Pronunciation.
now	teraz	tehrahz
nowhere	nigdzie	nigdzi-eh
of	z, ze, o, od	z, zeh, o, od
of course	naturalnie	nahtoorahlnyeh
often	często	che**n**sto
on	na, z, po, pod	na, z, po, pod
only	tylko	tilko
opposite (*prep.*)	naprzeciw	nahpzhehciv
or	albo	ahlbo
otherwise	inaczej	inahchey
outside (*prep.*)	zewnątrz	zehvno**n**tzh
over	nad, po nad, przez	nahd, po nahd, pzhez
perhaps	może, podobno	mozheh, podobno
quickly	prędko	pre**n**dko
quite	wcale, całkiem	vcahleh, cahwkyem
rather	raczej, prędzej, nieco	rahchey, pre**n**dzey, nyehso
scarcely	ledwo, zaledwie	ledvo, zahledvyeh
seldom	rzadko	zhahdko
since	od, odkąd	od, odkond
so	tak, więc tedy, zatem	tahk, vye**n**ss tehdy, zahtem
sometime	czasem	chahsem
somewhere	gdzieś	gdziehsh
soon	prędko	pre**n**dko
still	jednak, atoli	yednakh, ahtoli
then	więc	vye**n**hc
thence	stąd	stond
there	tam	tahm
therefore	a więc	ah vye**n**hc
through	przez, z, dla	pzhez, z, dlah
thus	tak, tym sposobem	tahk, tim sposso- [bem
to	do	do
too much	za wiele, nazbyt	zahvyehleh, nahzbit
towards	naprzeciw	nahpzhehciv
under	pod	pod
unless	jeżeli nie, chyba że	yezheli nyeh, **h**ibah [zheh

English.	Polish.	Pronunciation.
until	aż do, póki	ahzh do, pooki
up	w górę, wysoko	v gooren, visoko
very	bardzo	bahrdzo
well	dobrze	dobzheh
when	kiedy	kyehdy
where ?	gdzie ?	gdzyeh
whether	czy	chy
while	podczas	podchahss
why	dla czego	dlah chehgo
with	z	z
within	wewnątrz	vevnontzh
without	zewnątrz	zevnontzh
yes	tak	tahk [nyeh
yet	przecie, jesze nie	pzhehcyeh, yech-ceh

POLISH GRAMMAR.

In the Polish language there are the nine following parts of Speech: Substantive, Adjective, Pronoun, Numeral, Verb, Adverb, Preposition, Conjunction and Interjection.

There are three genders: masculine, feminine, and neuter.

The gender of words is decided by the sex, the termination, or the meaning.

Masculine—

1. Names of men, males, and such beings as we imagine under the shape of a man or with the attributes of a man, for instance: rycerz, *knight*; pan, *lord*; ksiądz, *priest*; wilk, *wolf*; pies, *dog*; koń, *horse*; aniół, *angel*; duch, *spirit*; Bóg, *God*; sędzia, *judge*; sknera, *miser*; niedołęga, *ninny*; liść, *leaf*; but, *boot*; mróz, *frost*; etc.

2. All substantives ending in a hard consonant and some ending in a soft consonant.

Feminine—

1. The names of women, females, and such beings and things as we imagine under the shape of women or with the attributes of women; such are: Marya, *Mary*; pani, *lady*; matka, *mother*; mysz, *mouse*; kotka, *she-cat*; gęś, *goose*; gwiazda, *star*; dusza, *soul*; praca, *work*; kość, *bone*; złość, *malice*; gęstość, *thickness*; etc.

2. All substantives ending in a soft consonant as well as in *a* and *i*.

Neuter—

1. Substantives indicating a being not yet grown up, or undeveloped, or recently born; such are: dziecię, *child*; niemowlę, *infant*; źrebię, *colt, foal*; kurczę, *spring-chicken*; cielę, *calf*; ciemię, *temple*; plemię, *tribe, clan*; dzieło, *work*; kropidło, *sprinkling-brush*; pole, *field*; etc.

2. All nouns ending in *o*, *e*, *ę*.

There are two *Numbers*, *Singular* and *Plural*, and seven *Cases*: nominative, genitive, dative, accusative, vocative, and two ablatives corresponding with the English *by*— and *in*—, respectively.

There are five *Declensions*. The ending of the first person singular and the gender decide to what declension a noun belongs.

First Declension.

Here belong all substantives ending in consonants, e.g.: stół, *table*; koń, *horse*; anioł, *angel*; as well as diminutive nouns ending in *o* as: Tadzio, Stefcio, wujcio, *little uncle*; etc.

FIRST MODEL.

Case	Sing.	Plur.
N.	Anioł, *angel*	Aniołowie } personal form
		Anieli
		Anioły
	Bez, *lilac*	Bzy
G.	Anioła	Aniołów
	Bzu	Bzów
D.	Aniołowi	Aniołom
	Bzu	Bzom
Acc.	Anioła	Aniołów } personal form
		Anioły
	Bez	Bzy
V.	Aniele	Aniołowie } personal form
		Anieli
		Anioły
	Bzie	Bzy
Abl.	Aniołem	Aniołami
	Bzem	Bzami
	(w) Aniele	(w) Aniołach
	(w) Bzie	(w) Bzach

To this model belong masculine substantives ending in hard consonants, as: stół, *table*; pan, *lord*; kościół, *church*; chłop, *peasant*; ogród, *garden*; lis, *fox*; płot, *fence*; dąb, *oak*; zapał, *enthusiasm*; kos, *blackbird*; woł, *ox*; orzeł, *eagle*; len, *flax*; szew, *stitch*; etc.

SECOND MODEL.

Case	Sing.	Plur.
N.	Koń, *horse*	Konie
	Kraj, *country*	Kraje
G.	Konia	Koni
	Kraju	Krajów
D.	Koniowi	Koniom
	Krajowi	Krajom
Acc.	Konia	Konie
	Kraj	Kraje
V.	Koniu	Konie
	Kraju	Kraje
Abl.	Koniem	Końmi
	Krajem	Krajami
	(w) Koniu	(w) Koniach
	(w) Kraju	(w) Krajach

According to this model are declined masculine nouns ending in a soft consonant, as: wódz, *leader*; król, *king*; uczeń, *student*; pisarz, *writer*; liść, *leaf*; kraj, *country*; dziedzic, *proprietor*; cesarz, *emperor*; panicz, *little lord*; drop, *bustard*; gołąb, *pigeon*; ołów, *lead*; etc. and diminutives: Yasio, Kazio, Stasio, etc.

THIRD MODEL.

Case	Sing.	Plur.
N.	Kruk, *raven*	Kruki
	Mech, *moss*	Mchy
G.	Kruka	Kruków
	Mechu	Mechów
D.	Krukowi	Krukom
	Mechu	Mchom
Acc.	Kruka	Kruki
	Mech	Mchy
V.	Kruku	Kruki
	Mchu	Mchy
Abl.	Krukiem	Krukami
	Mchem	Mchami
	(w) Kruku	(w) Krukach
	(w) Mchu	(w) Mchach

According to this model are declined masculine nouns ending in a guttural consonant, as: wróg, *enemy*; robak, *worm*; kozak, *Cossack*; róg, *horn*; Wojciech, duch, *spirit*; grzech, *sin*; strach, *fright*. Człowiek, *man*, has in the sixth case człowiecze; Bóg has Boże.

Syn (*son*) is also declined (as an exception) according to this model; but in the seventh case of the Singular it also has (w) synie.

FOURTH MODEL.

Case	Sing.	Plur.
N.	Chłopiec, *boy*	Chłopcy
G.	Chłopca	Chłopców
D.	Chłopcu	Chłopcom
Acc.	Chłopca	Chłopców
V.	Chłopcze	Chłopcy
Abl.	Chłopcem	Chłopcami
	(w) Chłopcu	(w) Chłopcach

According to this model are declined masculine animate nouns ending in *ec*, as: kupiec, *merchant*; szewc, *bootmaker*; głupiec, *stupid fellow*; młodzieniec, *youth*; padalec, *blind worm*; jastrzębiec *hawk*; krogulec, *pigeon hawk*; etc. Inanimate nouns do not differ from the second model, only jałowiec, *juniper*, has in the fifth case of the Singular jałowcu; kopiec, *hillock*, has kopcu; wieniec, *wreath*, has wieńcu, piec, *stove*, has piecu; Ojciec, *father*, has ojca, ojcu, ojcowie, ojców.

As an exception ksiądz, *priest*, is declined according to this model and has in the fifth case of the singular: księże, and the plural is irregular: księża, księży, etc.

NOTE: In the first declension some nouns in the Gen. Sing. end in *a*, as: anioła, konia, pana, whilst some others have *u* as: stołu, głogu, drobiu.

In the Dat Sing. some nouns end in owi, as: aniołowi, koniowi, stołowi, whilst others have *u*, as: psu, lwu, panu.

In the Acc. Sing. some nouns have the ending of the Gen. Sing. as: anioła, konia, pana, człowieka, psa; whilst others have the ending of the nom. sing. as: stół, *table*; dom, *house*; liść, *leaf*; kościół, *church*; las, *forest*; płot, *fence*.

The ending of the voc. sing. is either *e*, as: o aniele! o panie! o bracie! or *u*, as: o koniu! o wodzu! o piecu! o synu!

The seventh case sing., ends either in *e*, as: w stole, w aniele, w bracie; or in *u*, as: w domu, w koniu, w gaju.

In the nom. plur., instead of the consonant i or e, one sometimes employs the vowel y, as: chłopi or chłopy, panowie or pany.

Sometimes the vowel y is substituted by the consonant i, as: ptaki not ptaky, parobki not parobky, domy not domi.

The nom. plur. of personal nouns has various endings: one says: koszta, grunta, kursa, not: koszty, grunty, kursy; one says: urzędy, okręty, kłopoty, not: urzęda, okręta, kłopota.

Brat, *brother*, in the nom. plur. has bracia; ksiądz, *priest*, has księża; człowiek has ludzie; rok, *year*, has lata.

Personal nouns like: anioł, *angel*; pan, *lord*; wójt, *bailiff*; in the acc. plur. have the ending of the gen., e.g.: panów, aniołów, wójtów; whilst nouns indicating animals and things have the acc. plur. similar to the nom., e.g.: nom. and acc., konie, liście. stoły.

Second Declension.

According to this form are declined neutral nouns ending in o or e.

FIRST MODEL.

Case	Sing.	Plur.
N.	Dzieło, *work*	Dzieła
G.	Dzieła	Dzieł
D.	Dziełu	Dziełom
Acc.	Dzieło	Dzieła
V.	Dzieło	Dzieła
Abl.	Dziełem	Dziełami
	(w) Dziele	(w) Dziełach

According to the first model are declined neuter nouns ending in o, as: czoło, *forehead*; drzewo, *tree*; miasto, *town*; okno, *window*; oko, *eye*; which has in the plural oczy and oczu.

SECOND MODEL.

Case	Sing.	Plur.
N.	Pole, *field*	Pola
G.	Polu	Pól
D.	Polu	Polom
Acc.	Pole	Pola
V.	Pole	Pola
Abl.	Polem	Polami
	(w) Polu	(w) Polach

According to the second model are declined the neuter nouns ending in e, as: wesele, *wedding* or *joy;* sumienie, *conscience;* pokolenie, *generation;* słońce, *sun;* jaje, *egg;* etc.

NOTE: Some nouns, as: narzędzie, *instrument;* nozdrze, *nostril;* bezprawie, *lawlessness;* przysłowie, *proverb,* have in the second case of the plural i or y, as: narzędzi, nozdrzy, bezprawi, przysłowi.

Third Declension.

According to the third declension are declined fem. nouns ending in the nom. sing. in a or i. Here also belong masc. nouns—only in the sing.—ending in a, e.g.: kaznodzieja, *preacher;* poeta, *poet;* sługa, *servant;* wojewoda, *general;* as well as family names ending in o, as: Fredro, Chodźko, Tarlo.

FIRST MODEL.

Case	Sing.	Plur.
N.	Ryba, *Fish*	Ryby
	Fredro, (*proper name*)	
G.	Ryby	Rybom
	Fredry	
D.	Rybie	Rybom
	Fredrze	
Acc.	Rybę	Ryby
	Fredrę	
V.	Rybo	Ryby
	Fredro	
Abl.	Rybą	Rybami
	Fredrą	
	(w) Rybie	(w) Rybach
	(we) Fredrze	

According to the first model are declined feminine nouns which have a hard consonant before the ending vowel, as: siostra, *sister;* matka, *mother;* chata, *house;* ławka, *bench;* woda, *water;* królewna, *princess;* etc.

Some masc. nouns are also declined according to this model, but only in the sing., as: starosta, *starost* (*a functionary*); poeta, *poet*; Jagiełło, etc.

Ręka, *hand*, is partly irregular in the plural: ręce, rąk, rękom, ręce, rękami, or rękoma, w rękach.

SECOND MODEL.

Case	Sing.	Plur.
N.	Bania, *gourd*	Banie
	Burza, *storm*	Burze
G.	Bani	Bań
	Burzy	Burz
D.	Bani	Baniom
	Burzy	Burzom
Acc.	Banię	Banie
	Burzę	Burze
V.	Banio	Banie
	Burzo	Burze
Abl.	Banią	Baniami
	Burzą	Burzami
	(w) Bani	(w) Baniach
	(w) Burzy	(w) Burzach

According to this model are declined feminine nouns having a soft consonant before the final a, as: ka*n*ia, zie*m*ia; then nouns taken from foreign languages and ending in ya or ia, as: religja, *religion*; lekcja, *lesson*; etc.; they have in the second case plural: religii, lekcyi, poezyi. According to this model are also declined masculine pronouns which have also a soft consonant before the ending a, as: kaznodzieja, *preacher*; cies*l*a, *carpenter*; mow*c*a, *speaker*; etc., but only in the singular number.

THIRD MODEL.

Case	Sing.	Plur.
N.	Pani, *Lady*	Panie
G.	Pani	Pań
D.	Pani	Paniom
Acc.	Panią	Panie
V.	Pani	Panie
Abl.	Panią	Paniami
	(w) Pani	(w) Paniach

According to the third model are declined feminine nouns ending in i, as: mistrzyni, *mistress*; gospodini, *housekeeper*; ksieni, *abbess*; etc.

NOTE: Masculine nouns like: starosta, Jagiełło, Fredro, kaznodzieja, cieśla etc., belong to the third declension only in the singular; in the plural they are declined regularly according to the first declension ; one says : starostowie, starostów, starostom, which is similar to : aniołowie, aniołów, aniołom.

In the acc. sing. feminine nouns ending in i, have ending ą, as : panią, gospodynią, ksienią, mistrzynią.

Fourth Declension.

According to the fourth declension are declined feminine nouns ending in the nom. sing. with a soft consonant, as : miłość, koćs, mysz, rzecz, krew, etc.

FIRST MODEL.

Case	Sing.	Plur.
N.	Kość, *bone*	Kości
	Mysz, *mouse*	Myszy
G.	Kości	Kości
	Myszy	Myszy
D.	Kości	Kościom
	Myszy	Myszom
Acc.	Kość	Kości
	Mysz	Myszy
V.	Kości	Kości
	Myszy	Myszy
Abl.	Kością	Kośćmi
	Myszą	Myszami
	(w) Kości	(w) Kościach
	(w) Myszy	(w) Myszach

According to the first model are declined : miłość, *love ;* rzecz, *thing ,* noc, *night ;* moc, *strength ;* przepaść, *precipice ;* krew, *blood ;* własność, *property ;* etc.

SECOND MODEL.

Case	Sing.	Plur.
N.	Twarz, *face*	Twarze
	Cerkiew	Cerkwie
G.	Twarzy	Twarzy
	Cerkwi	Cerkwi
D.	Twarzy	Twarzom
	Cerkwi	Cerkwiom
Acc.	Twarz	Twarze
	Cerkiew	Cerkwie
V.	Twarzy	Twarze
	Cerkwi	Cerkwie
Abl.	Twarzą	Twarzami
	Cerkwią	Cerkwiami
	(w) Twarzy	(w) Twarzach
	(w) Cerkwi	(w) Cerkwiach

According to the second model are declined: chorągiew, *flag*; żagiew, *tinder*; macierz, *mother*; odzież, *clothes*; straż, *yard*; kieszeń, *pocket*; krtań, *larynx*; pościel, *bedding*; kąpiel, *bath*; słodycz, *sweetness*; zdobycz, *booty*; etc.

NOTE: The nom. acc., and voc. plur. in the first model of the fourth declension end in i, as: kości, brwi, przepaści, etc.

However, sometimes the i is substituted by y, as: nocy, not noci, myszy not myszi.

The nom., acc. and voc. plur. in the second model end in e, as: straże, topole, odzierze, etc.

The sixth case plur. in that declension ends in ami, as: cerkwiami, rzeczami, myszami, nocami, etc., except kość, ość, for they have kośćmi, ośćmi.

Fifth Declension.

According to this declension are declined neuter nouns in ę.

MODEL.

Case	Sing.	Plur.
N.	Zrebię, *colt*	Zrebięta
	Imię, *name*	Imiona
G.	Zrebięcia	Zrebiąt
	Imienia	Imion
D.	Zrebięciu	Zrebiętom
	Imieniu	Imionom
Acc.	Zrebię	Zrebięta
	Imię	Imiona
V.	Zrebię	Zrebięta
	Imię	Imiona
Abl.	Zrebięciem	Zrebiętami
	Imieniem	Imionami
	(w) Zrebięciu	(w) Zrebiętach
	(w) Imieniu	(w) Imionach

According to this model are declined: cielę, *calf*; jagnię, *lamb*; znamię, *sign*; brzemię, *burden*; etc. The word książe was formerly neuter, now it is masculine.

NOTE: Instead of książęcia, książęciu, książęciem, one says, księcia, księciu, księciem.

Dziecię in the plural has dzieci; in the gen. dzieci; in the dat., dzieciom.

In the dat. sing. one must not say, imieniowi, plemieniowi, but imieniu, plemieniu.

Declension of Foreign Nouns.

In the Polish language there are several nouns taken from Latin and Greek, as: kollegium, gimnazyum, liceum. These nouns are not declined in the sing.; in the nom. plur. they end in a, in the gen. ów; in other cases they are declined regularly like dzieło or pole.

Case	Sing.	Plur.
N.	gimnazyum liceum	gimnazya licea
G.	gimnazyum liceum	gimnazyów liceów
D.	gimnazyum liecum	gimnazyom liceom
Acc.	gimanzyum liceum	gimnazya licea
V.	gimnazyum liceum	gimnazya licea
Abl.	gimnazyum liceum (w) gimnazyum (w) liceum	gimnazyami liceami (w) gimnazyach (w) liceach

The Adjective.

All adjectives agree in number, gender and case with the substantive they qualify.

Some adjectives qualify names of persons, others, things; some of them are employed with animate objects, others with inanimate.

Declension of Adjectives.

Singular.

Case	masc.	fem.	n eu.
N.	dobry, *good*	dobra	dobre
G.	dobrego	dobrej	dobrego
D.	dobremu	dobrej	dobremu
Acc.	*animate :* dobrego *inan. :* dobry	dobrą	dobre
V.	dobry	dobra	dobre
Abl.	dobrym (w) dobrym	dobrą (w) dobrej	dobrem (w) dobrem

Plural.

	masc.	fem.	neu.
N.	*pers. :* dobrzy *things :* dobre	dobre	dobre
G.	dobrych	dobrych	dobrych
D.	dobrym	dobrym	dobrym
Acc.	*pers. :* dobrych *things :* dobre	dobre	dobre
V.	*pers. :* dobrzy *things :* dobre	dobre	dobre
Abl.	dobrymi (w) dobrych	dobremi (w) dobrych	dobremi (w) dobrych

Singular.

	masc.	fem.	neu.
N.	tani, *cheap*	tania	tanie
G.	taniego	taniej	taniego
D.	taniemu	taniej	taniemu
Acc.	*anim.:* taniego *inan.:* tani	tanią	tanie
V.	tani	tania	tanie
Abl.	tanim (w) tanim	tanią (w) taniej	taniem (w) taniem

Plural.

	masc.	fem.	neu.
N.	*pers.:* tani *things:* tanie	tanie	tanie
G.	tanich	tanich	tanich
D.	tanim	tanim	tanim
Acc.	*pers.:* tanich *things:* tanie	tanie	tanie
V.	*pers.:* tani *things:* tanie	tanie	tanie
Abl.	tanimi (w) tanich	taniemi (w) tanich	taniemi (w) tanich

According to these models are also declined :

1. Some pronouns, as : który, a, e, *which*; każdy, a, e, *every one*, etc.
2. Adjectives formed from verbs, as : kochający, a, e, *loving*; kochany, a, e, *loved*; poczerniały, a, e, *blackened*, etc.
3. Ordinal numerals, as : drugi, *second*; czwarty, *fourth*; etc.

Comparison of Adjectives.

The *Comparative* is formed by adding szy to the stem of the adjective, as : słab-szy ; and ejszy, as : ściśl-ejszy, as well as by employing little words : niż, niżeli, aniżeli, niźli, od, e.g. :
Positive : kościół jest wysoki (the church is high)
Comparative: kościół jest wy-ższy niż (niżeli, aniżeli, niźli) dom(the church is higher than house). Piotr jest stary (Peter is old) ; Piotr jest starszy od Pawła (Peter is older than Paul). When comparing two persons or two things endowed with equal qualities one employs the word jak, e.g. : Dziecko piękne jak anioł (a child as beautiful as an angel).

The *Superlative* is formed as the Comparative, but at the beginning one adds naj, e.g. : naj-słab-szy (the most feeble), naj-ściśl-ejszy (the most exact).

The comparative of the following adjectives is formed in an irregular manner :

gładki (smooth)—gładszy
słodki (sweet)—słodszy
wązki (narrow)—węższy
cienki (thin)—cieńszy
nizki (low)—niższy
czerwony (red)—czerwieńszy
lekki (light)—lżejszy
szeroki (broad)—szerszy
miękki (soft)—miększy
głęboki (deep)—głębszy
daleki (remote)—dalszy
wesoły (gay)—weselszy
wielki (large, big)—większy—największy
mały (small)—mniejszy—najmniejszy
dobry (good)—lepszy—najlepszy
zły (bad)—gorszy—najgorszy
wysoki (high, tall)—wyższy—najwyższy

Some adjectives have no comparison, e.g. : złoty (golden), srebrny (of silver), this is applied to all adjectives formed of the names of metals. Then : słomiany (of straw), marmurovy (of marble) ; niemy (dumb) ; ślepy (blind) ; sypialny (in which one sleeps) ; jadalny (in which one dines) ; białawy (whitish) and the same with all adjectives formed of colours ; however, one can say : mniej czerwony (less red) and więcej czerwony (more red) and the same with all adjectives ; then : ojcowski (fatherly), synowski (filial) etc.

Some adjectives have a double comparative, e.g. : pilniejszy (more diligent) or bardziéj pilny ; as well as a double superlative, e.g. : najpilniejszy (the most diligent), or najbardziéj pilny.

The comparative formed by adding bardziej, więcej and the superlative formed by adding najbardziéj, najwięcej are called descriptive.

Numerals.

The cardinal numeral jeden, jedna, jedno is declined regularly according to the model of the pronoun ten, ta, to, given below in the chapter on pronouns. However, one should remember that in the acc. sing. fem. it has the ending ą; jedna: widziałem tylko jedną panią (I have seen but one lady).

The numerals dwaj, dwie, dwa and obaj, oba, obie—obydwaj, obydwa, obydwie. are declined as follows :—

	Masc.	Fem.	Neu.
N.	*pers.* : obaj, obydwaj *things* : oba, obydwa	obie, obydwie	oba, obydwa
G.	obu, obydwóch	obdwóch, obu	obu, obydwóch
D.	obu, obydwom	obydwom, obu	obu, obydwom
Acc.	*pers.* : obu, obydwóch *things* : oba, obydwa	obie, obydwie	oba, obydwa
V.	*pers.* : obaj, obydwaj *things* : oba, obydwa	obie, obydwie	oba, obydwa
Abl.	oboma, obu, obydwoma (w) obu, obydwóch	obiema, obu, obydwiema, obydwoma- (w) obydwóch	obma, obydwoma (w) obu, obydwóch

Declensions of the numerals trzéj, trzy and czterej, cztery, are as follows:—

	Masc.	Fem. and Neu.
N.	*pers :* trzej, czterej *thing :* trzy, cztery	trzy, cztery
G.	trzech czterech	trzech czterech
D.	trzem czterem	trzem czterem
Acc.	*pers. :* trzech, czterech *thing :* trzy, cztery	trzy, cztery
V.	*pers. :* trzej, czterej *thing :* trzy, cztery	trzy cztery
Abl.	trzema czterema (w) trzech (w) czterech	trzema czterema (w) trzech (w) czterech

Cardinal Numerals, definite, such as: pięć (five) up to dziewięćdziesiąt dziewięć (ninety-nine), and such as kilka (few), kilkanaście (several, but more than ten), wiele (many), ile (how many) etc., have a double declension : one with a noun and the other without it.

Declension with a substantive.

	Masc.	Neu.
N.	pięćwodzów	kilkajabłek
G.	pięciu wodzów	kilku jabłek
D.	pięciu wodzom	kilku jabłkom
Acc.	pięciu wodzów	kilka jabłek
V.	pięć wodzów	kilka jabłek
Abl.	pięciu wodzami (w) pięciu wodzach	kilku jabłkami (w) kilku jabłkach

Declension without a substantive.

	Masc.	Fem.
N.	*pers. :* pięciu, kilku, jedenastu *things :* pięć, kilka, jedenaście	pięć, kilka, jedenaście
G.	pięciu, kilku, jendenastu	pięciu, kilku, jedenastu
D.	pięciom, kilkom, jedenastom	pięciom, kilkom, jedenastom
Acc.	*pers :* pięciu *thing :* pięć	pięć, kilka, jedenaście
V.	*pers. :* pięciu, kilku, jedenastu *thing :* pięć, kilka, jedenaście	pięć, kilka, jedenaście
Abl.	pięcioma, kilkoma, jedenastoma (w) pięciu, kilku, jedenastu	pięcioma, kilkoma, jedenastoma (w) pięciu, kilku, jedenastu

Declension of the numeral sto (hundred) without a substantive.

	Singular	Plural
N.	sto	sta (e.g.: trzy-sta, 300)
G.	sta	set (pięć-set, 500)
D.	stu	stom
Acc.	sto	sta
V.	sto	sta
Abl.	stem	stami
	(w) ście	(w) stach

Declension of the numeral dwieście (two hundred) without a substantive.

N. and Acc.	dwieście
G. and Abl. (vii)	dwustu
D.	dwustu
Abl. (vi)	dwustoma, dwomaset

Declension of the numerals sto and dwieście with a substantive.

N. V.	sto, dwieście mężów (100, 200 men)
G.	stu, dwustu mężów
D.	stu, dwustu mężom
Acc.	stu, dwustu mężów
Abl.	stu, dwustu mężami
	(w) stu, dwustu mężach

Declension of the Numerals trzysta, czterysta (300, 400).

N. V.	trzysta, czterysta
G.	trzechset, czterechset
D.	trzemset, czteremset
	trzechset, czterechset
	trzystu, czteremstu
Acc.	trzechset, czterechset
	trzysta, czterysta
Abl.	trzystu, czterystu
	(w) trzechset, czterechset

The numerals 500, 600, 700, 800, 900 are declined like 5—with the addition of the word set: pięćset, pięciuset, etc.

Declension of Collective Numerals, oboje (both) dwoje (two of them), troje (three of them), kilkoro (a few of them.)

N. Acc.	dwoje, czworo, kilkoro
G.	dwojga, czworga, kilkorga
D.	dwojgu, czworgu, kilkorgu
Abl.	dwojgiem, czworgiem, kilkorgiem
	(w) dwojgu, czworgu, kilkorgu

The numerals pierwszy (first), dziesiąty etc., are declined like the adjective dobry (good) as are also such numerals as: jednaki (similar), pojedynczy (single), trojaki (of three kinds), potrójny (threefold).

Pronouns.

Declension of Personal Pronouns.

Ja (I), ty (*thou*), my (*we*), wy (*you*).

	Singular		Plural	
	I person	II person	I person	II person
N.	ja	ty	my	wy
G.	mnie	ciebie	nas	was
D.	mnie, mi	tobie, ci	nam	wam
Acc.	mnie, mię	ciebie, cię	nas	was
V.	—	ty	—	wy
Abl.	mną	tobą	nami	wami
	(we) mnie	(w) tobie	(w) nas	(w) was

The Reflective Pronoun for both numbers and for all three cases is declined as follows :

G.	siebie	Acc.	siebie, się
D.	sobie	Abl.	sobą *and* (w) sobie

Most pronouns are declined according to the following two models:—

Declension of Model : ten, ta, to (this)

	Singular		
Case	Masc.	Fem.	Neu.
N.	ten	ta	to
G.	tego	tej	tego
D.	temu	tej	temu
Acc.	*anim :* tego *inanim :* ten	tę	to
V.	—	—	—
Abl.	tym (w) tym	tą (w) tej	tem (w) tem
	Plural		
N.	*person. :* ci *imperson. :* te	te	te
G.	tych	tych	tych
D.	tym	tym	tym
Acc.	*person. :* tych *imperson. :* te	te	te
V.	—	—	—
Abl.	tym (w) tych	temi (w) tych	temi (w) tych

According to this model are declined : on (he), ona (she), ono (it) ; ów (that one), owa (fem.), owo (neut.) ; sam (alone), sama (fem.), samo (neut.) ; ten sam (the same), ta sama (fem.), to samo (neut.) ; wszystek (whole, all), wszystka (fem.), wszystko (neut.) ; jeden (one), jedna (fem.), jedno (neut.) ; niejeden (many a one), niejedna (fem.), niejedno (neut.).

NOTE : In the Acc. Sing. one says : tę, tamtę. All other Pronouns end in ą, as : ową, jedną, wszystką, etc.

Declension of the possessive : mój (my, mine), moja (fem.), moje (neut.).

Singular.

Case	Masc.	Fem.	Neu.
N.	mój	moja	moje
G.	mojego	mojej	mojego
D.	mojemu	mojej	mojemu
Acc.	*anim.* : mojego *inanim.* : mój	moją	moje
Abl.	moim	moją	mojem
Abl.	moim (w) moim	moją (w) mojej	mojem (w) mojem

Plural.

Case	Masc.	Fem.	Neu.
N.	*person.* : moi *things* : moje	moje	moje
G.	moich	moich	moich
D.	moim	moim	moim
Acc.	*person.* : moich *things* : moje	moje	moje
Abl.	moimi (w) moich	mojemi (w) moich	mojemi (w) moich

According to this model are declined : twój (thy, thine), twoja (fem.), twoje (neut.) ; nasz (ours), nasza (fem.), nasze (neut.) ; wasz (yours), wasza (fem.), wasze (neut.) ; swój (his, his own), swoja (her, her own), swoje (its, its own), czyj (whose), czyja (fem.), czyje (neut.) ; niczyj (nobody's), niczyja (fem.), niczyje (neut.) and jego (his), jéj (her's), jego (its).

NOTE : The Possessive swój, swoja, swoje, is only used when the thing possessed belongs to the subject of the verb, e.g. : on kocha swoją or swą żonę (he loves his (own) wife). But when the thing possessed does not belong to the subject of the verb, one uses instead of it jego (his), jej (fem.), ich (theirs), that is to say the second case of the personal pronoun on, e.g. : on kocha jego żonę (he loves his wife=such a one's).

Declension of the Pronoun : kto (who), co (what)

Singular Number only.

I	kto, co	IV	kogo, co
II	kogo, czego	VI	kim, czem
III	komu, czemu	VII	(w) kim, (w) czem.

In the same manner are declined : ktoś (some one) coś (something), nic (nothing).

NOTE : The pronoun jego (his), jej (fem.), jego (neut.) has no nom.; it is substituted by on, ona, one, in the Singular, and by oni, one in the Plural. We have then nom. sing. : on, ona, one ; II case jego, jej, jego ; III jemu or mu, jėj, jemu or mu ; Acc. : jego or go, ją, je ; Abl. Sing. nim, nią, niem ; of Plural Number : nimi, niemi. Abl. Plur. : wnich.

Instead of jego, jėj, jego, jemu etc., one says : do niego, ku niemu, dlaniej, etc.

One must not say : Upadło jabłko z drzewa, podniosłemgo, but podniosłemje (an apple fell from a tree, I have picked it up).

One must not say : szło dziecko drogą, trąciłem go, but trąciłemje (a child walked in the road, I touched it)

The possessives mój, twój, swój besides having long forms, have also short ones, e.g.: ma, twa, swa ; mego, twego, swego; memu, twemu, swemu.

The pronouns który, która, które ; każdy, każda, każde ; jaki, jaka, jakie etc. are declined as adjectives.

The Verb.

There is only one auxiliary verb in Polish, namely the verb być (to be).

Conjugation of the Auxiliary Verb : być.

INFINITIVE MOOD.

Infinitive : być ; Participle present : będący, a, e ; Participle Contemporary : będąc ; Past Participle : był, była, bylo. Participle Pluperfect : bywszy ; Participle Passive : byty, byta, byte, to which are added : na, od, prze, e.g. : nabyty, odbyty, przebyty etc. Participle Future : mającybyć, mającabyć, mającebyć ; mającbyć, for all genders.

INDICATIVE MOOD.

Present.

	Sing.	Plur.
1.	jestem	jesteśmy
2.	jesteś	jesteście
3.	jest	są

Future.

1.	będę	będziemy
2.	będziesz	będziecie
3.	będzie	będą

Past

1.	byłem, byłam, byłom	byliśmy, byłyśmy (fem.)
2.	byłeś, byłaś, byłoś	byliście, byłyście (fem.)
3.	był, była, było	byli, były (fem.)

Imperative.

1. —	bądźmy
2. bądź	bądście
3. niech będzie	niechbędą

CONDITIONAL MOOD.

Sing.	Plur.
1. byłbym, byłabym, byłobym	bylibyśmy, byłybyśmy (fem.)
2. byłbyś, byłabyś, byłobyś	bylibyście, byłybyście (fem.)
3. byłby, byłaby, byłoby	byliby, byłyby (fem.)

First Conjugation.

MODEL I, verb pleść (to plait).

INFINITIVE MOOD.

Infinitive: pleść

Participle past: plótł, plotła, plotło.
„ pluperfect: plótłszy-za-plótłszy, splótszy, rozplótłszy
„ passive: pleciony, pleciona, plecione.
„ present: plotący, plotąca, plotące; plotąc.
„ future: mający, a, e pleść.

INDICATIVE MOOD.

Present: plotę, pleciesz, plecie; pleciemy, pleciecie, pletą.
Past: plotłem, -am, -om, plotłeś, plotłaś, plotło, plótł, plotła, plotło; pletliśmy (fem.), plotłyśmy, pletliście, pletli (fem.), pletły.
Pluperfect: plotłem był, plotłam była, plotłom było; plotliśmy byli, (fem.) plotłyśmy były, plotli byli (fem.), plotły były.
Future: będę plótł, będziesz plótł, będzie plótł; będziemy pletli, będziecie pletli, będą pletli; or: pleśćbędę, pleśćbędziesz, pleśćbędzie; pleść będziemy, pleść będziecie, pleść będą.

CONDITIONAL MOOD.

Present: plótłbym, (fem.) plotłabym, (neut.) plotłobym; plótłbyśmy, plótłibyście, plótlibyli, (fem.) plótłibyły.
Past: byłbym plótł, byłbyś plótł, byłby plótł; bylibyśmy pletli, bylibyście pletli, byliby pletli, (fem.) byłyby pletły.

IMPERATIVE MOOD.

Pleć, niech plecie; plećmy, plećcie, niech plotą.

According to this model are conjugated: gnieść (to press, to knead); wieść (to conduct, to lead), wiodę (I conduct); prząść (to spin),—przędę (I spin); gryść (to bite, to gnaw); trząść (to shake)—trzęsę (I shake);

rzec (to say)—rzekę (I say), rzeczesż (thou sayest) ; siec (to cut, to mow), wlec (to drag), biedz (to run) ; strzydz' (to shear)—strzygę (I shear) ; brać (to take)—biorę (I take) ; prać (to wash)—piorę (I wash) ; dąć (to blow)—dmę (I blow), dąłem (I blew), dmij (blow) ; piąćsię (to climb); ciąć (to cut)—tnę (I cut), ciąłem (I have cut), tnij (cut) ; trzeć (to rub) —trę (I rub), tarł (he rubbed), trzyj (rub), etc.

MODEL II, verb bić (to beat).

Infinitive : bić.

Participle past : bił, biła, biło.
,, pluperfect : (wy) biwszy, (prze) biwszy, (na) biwszy, (do) biwszy etc.
,, passive : bity, bita, bite.
,, present : bijący, bijąca, bijące—bijąc.
,, future : mający bić, mająca bić, mające bić.

Indicative Mood.

Present : biję, bijesz, bije ; bijemy, bijecie, biją.
Past : biłem, biłam, biłom ; biliśmy, (fem.) biłyśmy, biliście, (fem.) biłyście, bili (fem.) biły.
Pluperfect : biłem bił, biłam bił, biłom bił ; biliśmy bili, (fem.) biłyśmy byli, biliście bili, (fem.) biłyście bili, bili bili, (fem.) biły biły.
Future : będę bił, będziesz bił, będzie bił ; będziemy bili, będziecie bili, będą bili, or : bićbędę, bićbędziesz, bićbędzie ; bić będziemy, bićbędziecie, bić będą.

Conditional Mood.

Present : biłbym, biłbyś, (fem.) biłabyś, biłby ; bilibyśmy, bilibyście, (fem.) biłybyście, biliby (fem.) biłyby.
Past : byłbymbił, byłbyśbił, (fem.) byłabyś biła, byłby bił ; bylibyśmy bili, (fem.) byłybyśmy bili, bylibyście bili, byliby bili, (fem.) byłyby biły.

Imperative Mood.

Bij, niech bije ; bimy, bijcie, niech biją,
According to this model are conjugated : gnić (to putrify), pić (to drink), wić (to twine, to wreathe), kryć (to hide), myć (to wash), wyć (to howl, to yell), czuć (to feel), knuć (to plot), truć (to poison), dziaćsię (to happen), grzać (to warm), wiać (to blow), śmiać się (to laugh), etc.

Second Conjugation.

verb dźwignąć (to lift up).

INFINITIVE MOOD.

Infinitive : dźwignąć.

Participle past : dźwignął, dźwignęła, dźwignęło.
„ pluperfect : dźwignąwszy.
„ passive : dźwigniony, dźwigniona, dźwignione, also : dźwignięty, dźwignięta, dźwignięte.
„ present : dźwigający, dzwigająca, dźwigające, .
„ future : mający, mająca, mające dźwignąć.

INDICATIVE MOOD.

Present : dźwigam, dźwigasz, dzwiga ; dźwigamy, dźwigacie, dźwigają.

Past : dźwignąłem, (fem.) dźwignęłam, dźwignąłeś, dźwignęłom.

Pluperfect : dźwignąłem był, (fem.) dźwignęłam była, dźwignąłeś był, (fem.) dźwignęłaś była, dźwigneło było ; dźwignęliśmy byli, (fem.) dźwignęłyśmy były, dźwignęliście byli, (fem.) dźwignęłyście były, dźwignęli byli, (fem.) dźwignęły były.

Future : dźwignę, dźwigniesz, dźwignie ; dźwigniemy, dźwigniecie, dźwignęli or będę dźwigał, będziesz dźwigał, (fem.) będziesz dźwigała, będzie dźwigał ; będziemy dźwigali. (fem.) będziemy dźwigały, będziecie dźwigali, (fem.) będziecie dźwigały, będą dźwigali, (fem.) będą dźwigały or dźwigać będę, etc.

CONDITIONAL MOOD.

Present : dźwignąłbym, dźwignąłbyś, (fem.) dźwignęłabyś, dźwignąłby ; dźwignęlibśmy, (fem.), dźwignęłybyśmy, dźwignęlibyście, (fem.) dźwignęłybyście, dźwignęli byli, (fem.) dźwignęły były.

Past : byłbym dźwignął, (fem.) byłabym dźwignęła, byłbyś dźwignął, (fem.) byłabyś dźwignęła, byłoby dźwignęło ; bylibyśmy dźwignęli, (fem.) byłybyśmy dźwignęły, bylibyście dźwignęli, (fem.) byłybyście dźwignęły, byliby dźwignęli, (fem.) byłybyście dźwignęły.

IMPERATIVE MOOD.

Dźwigaj, dźwigajmy, dźwigajcie, niech dźwigają.

According to this form are conjugated : kwitnąć (to blossom), zlęknąćsię (to be frightened), grzęznąć (to sink), płynąć (to swim), rznąć (to cut, to butcher), etc.

Third Conjugation.

verb pisać (to write).

INFINITIVE MOOD.

Infinitive : pisać.

Participle past : pisał, pisała, pisało.
„ pluperfect : (na-) pisawszy, (prze-) pisawszy.
„ passive : pisany, pisana, pisane.
„ present : piszący, pisząca, piszące, or pisząc.
„ future : mający, mająca, mające pisać.

INDICATIVE MOOD.

Present : piszę, piszesz, pisze ; piszemy, piszecie, piszą.

Past : pisałem, (fem.) pisałam, pisałes, (fem.) pisałas, pisałom ; pisaliśmy, pisaliście, (fem.) pisałyście, pisali, (fem.) pisały.

Pluperfect : pisałem był, (fem.) pisałam była, pisałom było ; pisaliśmy byli, (fem.) pisałyśmy były, pisaliście byli, (fem.) pisałyście były, pisali byli, (fem.) pisały były.

Future : będę pisał, (fem.) będę pisała, będziesz pisał, (fem.) będziesz pisała, będzie pisało, (fem.) będzie pisała ; będziemy pisali, (fem.) będziemy pisały. będziecie pisali, (fem.) będziecie pisały, będą pisali, (fem.) będą pisały ; or pisaćbędę, etc.

CONDITIONAL MOOD.

Present : pisałbym, (fem.) pisałabym, pisałbyś, (fem.) pisałabyś, pisałby (fem.) pisałaby ; pisalibyśmy, (fem.) pisałybyśmy, pisalibyście, (fem.) pisałybyście, pisalibyli, (fem.) pisałybyły.

Past : byłbym pisał, (fem.) byłabym pisała, byłbyś pisał, (fem.) byłabyś pisała, byłoby pisalo, (fem.) byłaby pisała ; bylibyśmy pisali, (fem.) byłbyyśmy pisały, bylibyście pisali, (fem.) byłybyście pisały, byliby pisali, (fem.) byłyby pisały.

IMPERATIVE MOOD.

Pisz, niech pisze ; piszmy, piszcie, niech piszą.

According to this model are conjugated : orać (to plow), karać (to punish), słać (to send), (ślę=I send ; nieszlę=I do not send) ; łamać (to break), kłamać (to lie), chrapać (to snore), sapać (to puff), kazać (to order), mazać (to smear), spać (to sleep). The latter has : śpię, śpisz, śpi ; śpimy, śpicie, śpią (I sleep, etc.).

Fourth Conjugation.

verb kochać (to love).

Infinitive Mood.

Infinitive : kochać

Participle past : kochał, kochała, kochało.
„ pluperfect : (po-) kochawszy, (u-) kochawszy.
„ passive : kochany, kochana, kochane.
„ present : kochający, kochająca, kochające ; also : kochając.
„ future : mający, mająca, mające kochać.

Indicative Mood.

Present : kocham, kochasz, kocha ; kochamy, kochacie, kochają.

Past : kochałem, kochałeś, (fem.) kochałaś, kochał, (fem.) kochała ; kochaliśmy, (fem.) kochałyśmy, kochaliście, (fem.) kochałyście, kochali, (fem.) kochały.

Pluperfect : kochałem był, (fem.) kochałam była, kochałeś był, (fem.) kochałaś była, kochało było, (fem.) kochała była ; kochaliśmy byli, (fem.) kochałyśmy były, kochaliście byli, (fem.) kochołyście były, kochali byli, (fem.) kochały były.

Future : będę kochał, (fem.) będę kochała, będziesz kochał, (fem.) będziesz kochała, będzie kochało, (fem.) będzie kochała ; będziemy kochali, (fem.) będziemy kochały, będziecie kochali, (fem.) będziecie kochały, będą kochali, (fem.) będą kochały.

Conditional Mood.

Present : kochałbym, (fem.) kochałabym, kochałbyś, (fem.) kochałabyś, kochałby, (fem.) kochałaby ; kochalibyśmy, (fem.) kochałybyśmy, kochalibyście, (fem.) kochałybyście, kochalibyli, (fem.) kochałybyły.

Past : byłbym kochał, (fem.) byłabym kochała, byłbyś kochał, (fem.) byłabyś kochała, byłoby kochało, (fem.) byłaby kochała ; bylibyśmy kochali, (fem.) byłybyśmy kochały, bylibyście kochali, (fem.) byłybyście kochały, byliby kochali, (fem.) byłyby kochały.

Imperative Mood.

Kochaj, niech kocha ; kochajmy, kochajcie, niech kochają.

According to this model are conjugated : drgać (to quiver, to throb), dbać (to care for), konać (to agonise), dmuchać (to blow), gniewaćsię (to be angry), korzystać (to take advantage, to benefit), pamiętać (to remember), śpiewać (to sing), połykać (to swallow), badać (to investigate), czekać (to wait), etc.

Fifth Conjugation.

verb miłować (to cherish).

Infinitive Mood.

Infinitive: miłować

Participle past: miłował, miłowała, miłowało.
 „ pluperfect: (u-) miłowany
 „ passive: miłowany, miłowana, miłowane.
 „ present: miłujący, miłująca, miłujące, also miłując
 „ future: mający, mająca, mające miłować.

Indicative Mood.

Present: miłyję, miłujesz, miłuje; miłujemy, miłujecie, miłują.
Past: miłowałem, (fem.) miłowałam, miłowałeś, (fem.) miłowałaś, miłowałom; miłowaliśmy, (fem.) miłowałyśmy, miłowaliście, (fem.) miłowałyście, miłowali, (fem.) miłowały.

Pluperfect: miłowałem był, (fem.) miłowałam była, miłowałeś był, (fem.) miłowałaś była, miłowało było, (fem.) miłowała była; miłowaliśmy byli, (fem.) miłowałyśmy były, miłowaliście byli, (fem.) miłowałyście były, miłowali byli, (fem.) miłowały były.

Future: będę miłował, (fem.) będę miłowała, będziesz miłował, (fem.) będziesz miłowała; będziemy miłowali, (fem.) będziemy miłowały, będziecie miłowali, (fem.) będziecie miłowały, będą miłowali, (fem.) będą miłowały.

Conditional Mood.

Present: miłowałbym, (fem.) miłowałabym, miłowałbyś, (fem.) miłowałabyś, miłowałby, (fem.) miłowałaby; miłowalibyśmy, (fem.) miłowałybyśmy, miłowalibyście, (fem.) miłowałybyście, miłowaliby, (fem.) miłowałyby.

Past: byłbym miłował, (fem.) byłabym miłowała, byłbyś miłował, (fem.) byłabyś miłowała, byłby miłował, (fem.) byłaby miłowała; bylibyśmy miłowali, (fem.) byłybyśmy miłowały, bylibyście miłowali, (fem.) byłybyście miłowały, byliby miłowali (fem.) byłyby miłowały. Also miłowałbym, miłowałbyś, (fem.) miłowałabyś, miłowałby, (fem.) miłowałaby; miłowalibyśmy, (fem.) miłowałybyśmy, miłowalibyście, (fem.) miłowałybyście, miłowalibyli. (fem.) miłowałybyły.

Imperative Mood.

Miłuj, niech miłuje; miłujmy, miłujcie, niech miłują.

According to this model are conjugated: wojować, (to war) nocować (to pass the night), królować (to reign), rysować (to draw), malować (to paint), wykonywać (to execute), spisywać (to register), porównywać (to compare) wygrywać (to play a tune), wykonywać (to perform).

Sixth Conjugation.

verb bawić (to amuse).

Infinitive Mood.

Infinitive : bawić.

Participle past : bawił, bawiła, bawiło.
„ pluperfect : (za-) bawiwszy, (po-) bawiwszy, (u-) bawiwszy.
„ passive : bawiony, bawiona, bawione.
„ present : bawiący, bawiąca, bawiące. Also : bawiąc.
„ future : mający, mająca, mające bawić.

Indicative Mood.

Present : bawię, bawisz, bawi ; bawimy, bawicie, bawią.

Past : bawiłem, (fem.) bawiłam, bawiłeś, (fem.) bawiłaś, bawiło, (fem.) bawiła ; bawiliśmy, (fem.) bawiłyśmy, bawiliście, (fem.) bawiłyście, bawili, (fem.) bawiły.

Pluperfect : bawiłem był, (fem.) bawiłam była, bawiłeś był, (fem.) bawiłaś była, bawił był, (fem.) bawiła była ; bawiliśmy byli, (fem.) bawiłyśmy były, bawiliście byli, (fem.) bawiłyście były, bawili byli, (fem.) bawiły były.

Future : będę bawił, (fem.) będę bawiła, będziesz bawił, (fem.) będziesz bawiła, bedzie bawiło, (fem.) będzie bawiła ; będziemy bawili, (fem.) będziemy bawiły, będziecie bawili, (fem.) będziecie bawiły, będą bawili, (fem.) będą bawiły. Also : bawić będę, bawić będziesz, bawić będzie ; bawić będziemy, bawić będziecie, bawić będą.

Conditional Mood.

Present : bawiłbym, (fem.) bawiłambym, bawiłbyś, (fem.) bawiłabyś, bawiłby, (fem.) bawiłaby ; bawilibyśmy, (fem.) bawiłybyśmy, bawilibyście, (fem.) bawiłybyście, bawilibyli, (fem.) bawiłybyły.

Past : byłbym bawił, (fem.) byłabym bawiła, byłbyś bawił, (fem.) byłabyś bawiła, byłby bawił, (fem.) byłaby bawiła ; bylibyśmy bawili, (fem.) byłybyśmy bawiły, bylibyście bawili, (fem.) byłybyście bawiły, byliby bawili, (fem.) byłyby bawiły.

Imperative Mood.

Baw, niech bawi ; bawmy, bawcie, niech bawią.

According to this model are conjugated : palić (to burn), chwalić (to praise), warzyć (to boil), burzyć (to destroy), wodzić (to conduct), uczyć (to teach), skarżyć (to complain), prosić (to beg), kosić (to mow) etc.

Seventh Conjugation.

verb : cierpiéć (to suffer).

Infinitive Mood.

Infinitive : cierpieć

Participle past : cierpiał, cierpiała, cierpiało.
,, pluperfect : (wy-) cierpiawszy.
,, passive : cierpiany, cierpiana, cierpiane.
,, present : cierpiący, cierpiąca, pierciące.
,, future : mający, mająca, mające cierpieć.

Indicative Mood.

Present : cierpię, cierpisz, cierpi ; cierpimy, cierpicie, cierpią.

Past : cierpiałem, (fem.) cierpiałam, cierpiałeś, (fem.) cierpiałaś, cierpiało, (fem.) cierpiała, cierpieliśmy, (fem.) cierpiałyśmy, cierpieliście, (fem.) cierpiałyście, cierpieli, (fem.) cierpiały.

Pluperfect : cierpiałem był, (fem.) cierpiałam była, cierpiałeś był, (fem.) cierpiałaś była, cierpiało było, (fem.) cierpiała była ; cierpieliśmy byli, (fem.) cierpiałyśmy były, cierpieliście byli, (fem.) cierpiałyście byli, cierpieli byli, (fem.) cierpiały były.

Future : będę cierpiał, (fem.) będę cierpiała, będziesz cierpiał, (fem.) będziesz cierpiała, będzie cierpiało, (fem.) będzie cierpiała ; będziemy cierpieli, (fem.) będziemy cierpiały, będziecie cierpieli, (fem.) będziecie cierpiały, będą cierpieli, (fem.) będą cierpiały.

Conditional Mood.

Present : cierpiałbym, (fem.) cierpiałabym, cierpiałbyś, (fem.) cierpiałabyś, cierpiałby, (fem.) cierpiałaby, cierpiałoby ; cierpielibyśmy, (fem.) cierpiałybyśmy, cierpielibyście, (fem.) cierpiałybyście, cierpieliby, (fem.) cierpiałyby.

Past : byłbym cierpiał, (fem.) byłabym cierpiała, byłbyś cierpiał, (fem.) byłabyś cierpiała, byłby cierpiał, (fem.) byłaby cierpiała, byłoby cierpiało ; bylibyśmy cierpieli, (fem.) byłybyście cierpiały, bylibyście cierpieli, (fem.) byłybyście cierpiały, byliby cierpieli, (fem.) byłyby cierpiały.

Imperative Mood.

Cierp, niech cierpi ; cierpmy, cierpcie, niech cierpią.

According to this model are conjugated : wisieć (to hang), widzieć (to see), lecieć (to fly, to run), siedzieć (to seat), myślrć (to think), drżeć (to tremble) which has : drżę, drżysz, drży (I tremble, etc.) ; stać (to stand) which has : stoję, stoisz, stoi (I stand, etc.) ; baćsię (to fear) whtch has : boję się, boisz się, boi się (I fear, etc.) ; wiedzieć (to know) which has present : wiem (I know), imperative : wiedz (know).

Eighth Conjugation.

verb: kamienieć (to turn to stone).

Infinitive Mood.

Infinitive: kamienieć.

Participle past: kamieniał, kamieniała, kamieniało.
„ pluperfect: (s-) kamieniawszy.
„ passive: skamieniany, a, e.
„ present: kamieniejący, a, e, also: kamieniejąc.
„ past: mający, a, e kamienieć.

Indicative Mood.

Present: kamienieję, kamieniejesz, kamienieje; kamieniejemy, kamieniejecie, kamienieją.

Past: kamieniałem, (fem.) kamieniałam, kamieniałeś, (fem.) kamieniałaś, kamieniał, (fem.) kamieniała, kamieniało; kamienieliśmy, (fem.) kamieniałyśmy, kamienieliście, (fem.) kamieniałyście, kamienieli, (fem.) kamieniały.

Pluperfect: (s) kamieniałem był, (fem.) (s) kamieniałam była, (s) kamieniałeś był, (fem.) (s) kamieniałaś była, (s) kamieniałom było; (s) kamienieliśmy byli, (fem.) (s) kamieniałyśmy były, (s) kamienieliście byli, (fem.) (s) kamieniałyście były, (s) kamieniali byli, (fem.) (s) kamieniały były.

Future: będę kamieniał, (fem.) będę kamieniała, będziesz kamieniał, (fem.) będziesz kamieniała, będzie kamieniało; będziemy kamienieli, (fem.) będziemy kamieniały, będziecie kamienieli, (fem.) będziecie kamieniały, będą kamienieli, (fem.) będą kamieniały. Also: kaminieć będę, kamienieć będziesz, kamienieć będzie; kamienieć będziemy, kamienieć będziecie, kamienieć będą.

Conditional Mood.

Present: kamieniałbym, (fem.) kamieniałabym, kamieniałeśby, (fem.) kamieniałaśby, kamieniałby, (fem.) kamieniałaby, kamieniałoby; kamieniałibyśmy, (fem.) kamieniałybyśmy, kamienialiby, (fem.) kamieniałyby.

Past: byłbym (s) kamieniał, (fem.) byłabym (s) kamieniała, byłbyś (s)kamieniał, (fem.) byłabyś (s)kamieniała, byłby (s)kamieniał, (fem.) byłaby (s)kamieniała, byłoby (s)kamieniało; bylibyśmy (s)kamieniali, (fem.) byłybyśmy (s)kamieniały, byliby (s)kamieniali, (fem.) byłyby (s)kamieniały.

IMPERATIVE MOOD.

kamieniej, niech kamienieje ; kamieniejcie, niech kamienieją.

According to this model are conjugated : boleć (to ache), dnieć (to dawn), starzeć się (to grow old), bieleć (to whiten), siwieć (to grow grey), mdleć (to faint), umieć (to know)—one says : umiem *not* umię ; umieją *not* umią ; rozumieć (to understand)—one says : rozumiem *not* rozumię, rozumieją *not* rozumią.

Passive Conjugation.

Every active or transitive verb such as : zabić (to kill), czynić (to do), uczyć (to teach), kochać (to love) etc. has also a passive conjugation which possesses all the times, moods and participles of the active conjugation. The Passive conjugation is formed by the auxiliary verbs być (to be), bywać (to frequent), zostać (to remain) and by participles ending in : ny—na—ne or ty—ta—te ; that is to say, passive participles.

MODEL OF CONJUGATION OF AN IMPERFECT VERB.

chwalić (to praise).

Active		Passive
	INFINITIVE MOOD.	
Infinitive :	chwalić (to praise)	być chwalonym (to be praised)
Participle	present : chwalący, -a, -e.	chwalony, -a, -e.
,,	contemporary : chwaląc	będąc chwalonym
,,	past : chwalił, -a, -o.	—
,,	pluperfect : —	—
,,	future : mający chwalić	mający być chwalonym
	mająca ,,	mająca ,, chwaloną
	mające ,,	mające ,, chwalonem
	INDICATIVE MOOD.	
Present :	chwalę, etc.	bywam chwalony, -a, -e, jestem ,, ,, ,,
Past :	chwaliłem, etc.	byłem chwalony, -a, -e.
Pluperfect :	chwaliłembył, chwaliłambyła, chwoliłembyło	—
Future :	będę chwalił, -a, -o	będę chwalony, -a, -e
	CONDITIONAL MOOD.	
Present :	chwaliłbym, chwaliłabym, chwaliłobym	byłbym chwalony, -a, -e
Past :	byłbym chwalił, byłabym chwaliła, byłobym chwaliło	byłbym był chwalony, -a, -e

IMPERATIVE MOOD.

chwal	bądź chwalony, -a, -e.

MODEL OF CONJUGATION OF A PERFECT VERB.

pochwalić (to praise).

INFINITIVE MOOD.

	Active	Passive
Infinitive :	pochwalić	zostać pochwalonym, -ą, -em.
Participle present :	—	—
„ contemporary	—	będąc chwalonym, -ą, -em.
„ past :	pochwalił, -a, -o.	pochwalony, -a, -e.
„ pluperfect :	pochwaliwszy	zostawszy pochwalonym, -ą, -em
„ past :	mający, -a, -e, pochwalić	mający być pochwalonym, -ą, -em.

INDICATIVE MOOD.

	Active	Passive
Present :	—	—
Past :	pochwaliłem, -am, -om.	zostałem pochwalony zostałam pochwaloną zostałem pochwalonem
Pluperfect :	pochwaliłem był pochwaliłam była pochwaliło było	zostałem pochwalony zostałam pochwalona zostałem pochwalonem
Future :	pochwalę	będę zostanę pochwalony, -a, -e.

CONDITIONAL MOOD.

	Active	Passive
Present :	pochwaliłbym etc.	byłbym pochwalony etc.
Past :	byłbym pochwalił etc.	byłbym został pochwalony etc.

IMPERATIVE MOOD.

pochwal	bądź zostań pochwalony, -a, -e.

NOTE : From these models we see that infinitive verbs, called in Polish *niedokonane** are employed in the present, past and future tenses ; whilst definitive verbs,—in Polish *dokonane*†, can be used only in past and future tenses.

---

* They express an action which has begun but is not yet finished.
† They express an action which has begun and is finished.

Reflective Verbs.

Reflective verbs are distinguished by the pronoun się, which is translated into: myself, himself, herself, itself, ourselves, themselves. The purely reflective verbs such as baćsię (to be afraid), śmiać się (to laugh), rozigrać się (to become playful), chełpić się (to boast), spodziewać się (to hope), lękać się (to fear) etc. cannot be used without się, for in Polish there are no such verbs as bać, śmiać, rozigrać, chełpić, spodziewać, lękać. However ,some transitive verbs can be used reflectively by adding to them się, e.g. kocham, active verb, means I love, but if one says kocham się, it becomes a reflective verb and means I love myself.

Reflective verbs are conjugated according to the models already given with the addition to each person of się, e.g. I. kocham, się, II. kochasz się; III. kocha się; I. kochamy się, II. kochacie się, III. kochają się. The same with other tenses.

Impersonal Verbs.

Impersonal verbs have moods and tenses, but only in the third person.

Conjugation of Impersonal Verbs.

Present.

Swita (it dawns), dnieje (the day begins), pada (it rains), zmierzcha-się (it begins to grow dark), błyska się (it lightens), leje (it pours with rain), powodzi się (it goes well), szczęści się (one has good luck), wypada (it is proper), niema (there is not), tęskno (jest) (it is tedious, it is wearisome), zimno (it is cold).

Past.

Switało, dniało, padało, zmierzchało się, błyskało, lało, padało, powodziło się, szczęściło się, wypadało, nie było, tęskno mibyło, zimno mibyło.

Future.

Będzie świtać, dnieć, padać, zmierzchać się, błyskać, lać, padać, powodzić się, szczęścić się, wypadać, nie będzie, tęskno mi będzie, zimno mi będzie.

Conditional Mood.

Byłoby świtało, dniało, błyskało, lało, padało etc.

Imperative Mood.

Niech świta, dnije, błyska, leje, pada etc.

The Adverb.

ADVERBS OF TIME : wtedy (then), teraz (now), dziś (to-day), wczoraj (yesterday), jutro (to-morrow), zawsze (always), już (already), jeszcze (still, yet), dawno (long time ago), potem (afterwards), dotąd (as far as), odtąd (from here), póty (as long as), wnet (soon), kiedy (when), odkąd (from where), dopóki (as long as), kiedyś (some time ago), kiedykolwiek (anytime), długo (long time), ciągle (continually), krótko (shortly), rankiem (in the morning), nocą (during the night) etc.

ADVERBS OF PLACE : tu (here), tam (there), owdzie (over there), wszędzie (everywhere), stąd (from here), stamtąd (from over there), zewsząd (from everywhere), tędy (this way), owędy (that way), tamtędy (that way) etc.

ADVERBS OF MEANS : tak (in this manner), owak (in that manner), inaczej (differently), jakoś (someway), jednakże (however), równie (equally), podobnie (similarly), dobrze (well), jasno (clearly), źle (badly), etc.

ADVERBS OF DEGREE AND MEASURE : bardzo (much), mało (little), nader (extremely), nadzwyczaj (extremely), prawie (almost), ledwie (hardly), trochę (a little), mało (little), wiele (much), niezmiernie (immensely).

ADVERBS OF FASHION, OR WAYS : Po angielsku (in the English fashion, or way), po polsku (in the Polish fashion), po francuzku (in the French fashion) etc.

ADVERBS OF INTERROGATION : czy ? (is it ?), kiedy ? (when ?), odkąd ? (from where ?), czemu ? (why ?), jak ? (how ?), naco, poco ? (what for ?) etc.

ADVERBS OF AFFIRMATION : tak (yes), zaiste (verily), oczywiście (evidently), podobno (as it seems), może (perhaps), pono (maybe) etc.

ADVERBS OF NEGATION : nie (no), bynajmniej (not at all) przeciwnie (on the contrary), nigdy (never), przenigdy (never in your life) etc.

Adverbs which derive from adjectives have degrees similar to those adjectives, as :

głęboko (deeply),	głębiej,	najgłębiej
nizko (low)	niżej	najniżej
pięknie (beautifully)	piękniej	najpiękniej
dobrze (well)	lepiej	najlepiej
źle (badly)	gorzej	najgorzej
wiele (much)	więcej	najwięcej
mało (little)	mniej	najmniej etc.

The Preposition.

The following prepositions govern the genitive: bez (without), krom (beside), okrom (beside), prócz (beside), oprócz (except), do (to), dla (for), od (from), w (in), koło (round, about), około (round), naokoło (all round), miasto (instead), zamiast (in place of), podług (according), według (according), wedle (by), wzdłuż (along), wprost (directly), naprzód (ahead), powyżej (above), powyż (above), wzwyż (in height), poniżej (below), poniż (below), blizko (near), bliżej (nearer), najbliżej (very near), wśród (amidst), pośród (amidst, in), względem (towards, in regard), obok (beside), poprzek, poprzecznie (athwart, across), wewnątrz (inside), zewnątrz (outside).

The dat. is governed by: ku (to, towards), przeciw (against), przeciwko (against) wbrew (against), gwoli (according to).

The acc. is governed by: przez (through, across).

The abl. is governed by: przy (by, beside).

The gen. and dat. are governed by: naprzeciw (opposite), naprzeciwko (opposite).

The gen. and acc. are governed by: mimo (notwithstanding, by, passing, beside).

The gen. and abl. are governed by z, ze (with).

The acc. and abl. are governed by: między (between), pomiędzy (amidst, between), pod (under), przed (before, in front of), nad (over).

The acc. and abl. cases are governed by: w (in), na (on), o (of, at, by, for), po (after).

The gen., acc. and abl. by: za (during, in, in time of).

Sometimes prepositions are united, e.g.: popod (under), ponad (over), poza (behind), zpośród (from the midst), z wewnątrz (from without), z naprzeciwka (from opposite), z pod (from under), z za (from behind), z poza (from behind) etc.

The Conjunction and Interjection.

The most frequently occurring conjunctions are: i (and), a (and, yet), ani (not so much as, not even), ale (but), lecz (but), albo (either, or), bo (for, because), bowiem (for, because), gdyż (for, because), więc (consequently), ponieważ (because, as, since), jeżeli (if), choć (though, although); i (and), albo (either—or); niechaj (let it be), kiedy (when), skoro (as soon as), że (that), także (also) etc.

The most frequent interjections are: a (ah), ach (ah), e (take care), ej (look out), o (oh), och (oh), hola (stop), hej (listen), hejże (listen), na (here), nuż (on, onward), nuże (the use of this interjection must be learnt by practice—it means sometimes cheer up! then: but when: then if); Nuże wpłacz nad królem Janem, means: and they fell a crying for King John. Biada (woe), niestety (alas, oh, well-a-day), precz (away), otóż (here) etc.

Note: There is considerable difficulty in knowing how to address people in Poland; it requires very subtle discrimination. If you ask a gentleman how he is, you say: Jak się pan ma? But if he be considerably younger than you, or perhaps of inferior position you would say to him: Jak się pan masz? That is why in the conversational phrases of this book either the third or the second person is used, as the two above quoted examples show. If one talks to a person of title or to a high official one would add the title or office. Jak się pan hrabia ma? would be said to a Count. Jak się pan sędzia ma? to a judge etc. But if one speaks to a prince, one says: Jak się książe pan ma? The same would apply to a lady: Jak się pani ma? will be asked of a lady of undoubted social position: Jak się pani masz? will be asked of a lady who is beneath you. The same remark as about men applies in regard to a lady with a title. However, when one speaks to a young lady, her Christian name must be given, e.g.: Jak się panna Marja ma? Peasants would say to a young lady: Jak się panienka ma?—panienka being a diminutive of panna; they use panienka irrespective of age.

Now, if one talks to a peasant (man or woman) of respectable age one says: Jak się macie? This would be applied also to artisans, inferior bourgeois, and in general to persons who are not "gentlefolk."

When one speaks to children or to young unmarried people—peasants, artisans, farm hands, etc. one says: Jak się masz? irrespective of sex.

CONVERSATIONAL PHRASES.

ROZMOWY - KONWERSACJE.

Greetings and Polite Expressions (Pozdrowienia i grzeczne wyrażenia).

English.	Polish.	Pronunciation.
Good-day, Sir	Dzień-dobry, panu	dzyen-y'dobry, pahnoo
Good-evening, Mr. —	Dobry wieczór, panie...	dobry viehchoŏI, pahnieh [ni
Good-morning, Mrs. [—	Dzień-dobry, pani..	dzyen-y'dobry, pah-
Good-night, Miss —	Dobra noc, panno—	dobrah noc pahnnoh
Good-bye	Do widzenia	doh vidzehniah
Au revoir	Do widzenia	doh vidzehniah [mah
How do you do?	Jak się pannama?	yahk sien pahnnah-
(to a lady	„ „ pani ma?	yahk sien pahni mah
(familiar to an old man or woman)	„ „ macie?	yakh sien mahcieh
(familiar to children or persons without any social standing)	„ „ masz?	yahk sien mahsh
How are you?	Jak się pan ma?	yahk sien pahn mah
Are you quite well?	Jak zdrowie?	yahk zdrovieh
Quite well, thank you	Jestem zdrów, dziękuję	yehstehm zdroŏv dzienkooien
How is Mr.— ?	Jak się ma pan...?	yahk sien mah pahn
He is not quite well	Nie bardzo dobzre	nieh bahrdzoh dohbzheh
This is a pleasure	Bardzo miło!	bahrdzoh miwoh
I must go now	Muszę iść	mooshen ishch
Excuse me	Przepraszam	pjeprahshahm
Thanks	Dziękuję	dzhienkoŏien

English.	Polish.	Pronunciation.
Many thanks	Bardzo dziękuję	bahrdzoh dzhien-kooien
Thank you	Dziękuję panu	dzhienkooien pahnoo
(to lady)	,, pani	,, pahni
Thank you very much	Bardzo dziękuję panu, pani	bahrdzoh dzien-kooien pahnoo, pahni
No, thanks	Nic, dziękuję	nieh, dzhienkooien
I thank you	Dziękuję panu, pani	dzhienkooien pah-noo, pahni
I am much obliged to you	Bardzo obowiązany panu, pani	bahrdzoh obovion-zahny pahnoo, pahni
If you please	Proszę	prohshen
With your permission	Za pozwoleniem pana, pani	zhah pohzvohle-niehm pahnah, pahni
I beg you pardon	Przepraszam pana panią	pjehprahshahm pah-nah pahnion
I am sorry	Załóję	zhahwooien [ien
I am very sorry	Bardzo żałóję	bahrdzoh zhahwoo-
No matter	Nic nieszkodzi	nic niehshkohdzhi
It does not matter	,, ,,	,, ,,
Yes, Sir	Tak, panie	tahk pahnieh
No, Madam	Nic, pani	nieh pahni
There is no harm done	Wszystko jedno	vshystkoh yehdnoh
With pleasure	Zprzyjemnością	[cion z pzhy-yehmnohsh-
With all my heart	Zcałego serca	z cahwehgoh sehrcah
Will you pardon my error ?	Czy pan (pani) przebaczy mój błąd ?	chy pahn (pahni) pjehbahchy mooi bwond [shlivi
I am glad	Bardzo szczęśliwy	bahrdzoh shchen-
He will be glad to see you	On przyjmie pana (panią) z przyjemnością	ohnpzhyimeh pahnah (pahnion) z pzhy-iehmnohshcion
Certainly !	Niezawodnie !	niehzahvodnieh

English.	Polish.	Pronunciation.
Of course !	Naturalnie !	nahtoorahlnieh
By no means !	W żadny sposób !	v zhahdni sposoob
Good luck !	Szczęść Boże !	shchenshch bozheh
Your health !	Zdrowie pana, pani, wasze, twoje	zdrovieh pahnah, pahni, vahsheh, tvohieh
All right !	Dobrze !	dohbzheh
Will you sit down ?	Czy zeche pan (pani) uśiąść ?	chi zeh-hceh pahn, (pahni) ooshion shch
Make yourself at home	Proszę być jak u siebie	prohshen bich yah oo siehbieh
You haven't been to my house yet ?	Pan jeszcze nie był w miom domu ?	pahn yehshcheh nieh biw v mohim domoo
No, I haven't yet had the pleasure	Nie, jeszczenie nie miałem tej przyjemności	nieh, yehshcheh niəp miahwem teh pzhyiehmoshci
Come this evening	Przyjdź pan (pani) dziś wieczór	pzhidsh pahn (pahni) dzish viehchoor
Come before dinner	Przyjdźpan (pani) przed obiadem	pzhidsh pahn (pahni) pzhehd obiadem
Won't you come ?	Czy nie zechcesz pan (pani) przyjśę?	chi nieh zehhcehsh pahn (pahni) pzhishch
Let me know when you are coming	Daj mi pan (pani) znać kiedy przyjdziesz	dahi mi pahn (pahni) znahch kiehdi pzhidziehsh
I am very glad that you have come	Bardzo mi miło że pan (pani) przyszedł (przyszła)	bahrdzo mi miwo zheh pahn (pahni) pzhishedw (pjishwah)
Welcome !	Witaj !	vitahi
I am sorry I did not see her	Załóję że jej nie widziałem	zhahwooien zheh iehi nieh vidziahwem
How long have you lived in—?	Jak długo mieszkał pan (pani) w...	yahk dwoogo mieshkahw pahn (pahni) v

English.	Polish.	Pronunciation.
Are you very well ?	Jak jest pańskie zdrowie ?	yahk iest pahnyskieh zdrovieh
I am pleased to meet you	Mito mi pana (panią) poznać;	miwo mi pahnah (pahnion) pohznahch
The pleasure is mine	To raczej moje szczęście	to rahchehi moieh shchenshcieh
I hope we may meet again	Spodziewam się że się znów spotkamy	spodziehvahm sien zheh sien zno͞ov spatkahmi
Must you go now	Czy musisz pan (pani) iść ?	chi moosish pahn (pahni) ishch
I am afraid I can't stay any longer	Załóję że nie mogę zabawić dlużej	zhahwo͞oien zheh nieh mogen zahbahvich dwoozhehi
It was my fault	Maja wina	moiah vinah
It's not my fault	Nie moja wina	nieh moiah vinah
You are very kind	Pan bardzo łaskaw; Pani bardzo łaskawa	pahn bahrdzo wahskahv; pahni bahrdzo wahskahvah
Allow me	Proszę pozwolić	proshen pozvolich
Give my compliments to—	Ukłony dla...	ookwoni dlah

Useful and Necessary Expressions (Pożyteczne i Niezbędne Wyrażenia).

English.	Polish.	Pronunciation.
Do you speak Polish?	Czy mówi pan (pani) po polsku ?	chi mo͞ovi pahn (pahni) po polskoo
Do you understand French ?	Czy pan vozumie francuzki język ?	chi pahn rozoomieh frahncoozki yenzik
Do you know English ?	Czy pan zna językangielski ?	chi pahn znah yenzik ahngiehlski
I do not speak Russian	Nie mówię po rusku	nieh mo͞ovien po rooskoo

English.	Polish.	Pronunciation.
I do not speak Italian very well	Nie mówię po włosku bardzo dobrze	nieh mo͝ovien po vwoskoo bahrdzo dobzheh
What is your native language ?	Jaki jest pański ojczysty język ?	yahki yehst pahny'ski oichisti yenzik
My native tongue is Turkish	Mój językojczystyiest turecki	mo͝oi yenzik oichisti yehst toorehcki
It is very difficult to learn Croatian correctly	To bardzo trudno nauczyć się dobrze po kroacku	ta bahrdzo troodno nahoochich sien dobzheh po kroahckoo
It is not so difficult as you imagine	Nie tak trudno jak się panu zdaje	nieh tahk troodno yahk sien pahnoo zdahie
It is hard for an Englishman to learn Serbian	To bardzo trudno dla anglika nauczyć się pa serbsk	ta bahrdzo troodno dlah ahnglikah nahoochich sien po sehrbskoo
I understand Polish pretty well, but I speak it badly	Rozunnię po polsku dosyć dobrze, lecz mówię źle	rozoomien po polskoo dosich dobjeh, lech mo͝ovien zhleh
I cannot understand when you speak rapidly	Ja nie rozumię gdy pan prędko mówi	yah nieh rozoomien gdi pahn prendko mo͝ovi
Do not speak so quickly	Proszę nie mówić tak prędko !	proshen nieh mo͝ovich tahk prendko
Please speak more slowly	Proszę mówić wolniej	proshen mo͝ovich volniehi
Translated from Polish	Przetłomaczone z polskiego	pzhehtwomahchoneh z polskiehgo
What are you learning ?	Czego się pan uczy?	chehgo sien pahn oochi
Don't you understand ?	Czy pan nie rozumie ?	chi pahn nieh rozoomieh
I speak German a little	Mówię trochę po niemiecku	mo͝ovien trohen po niehmiehckoo

English.	Polish.	Pronunciation.
Is there anyone here who speaks Polish ?	Czy jest tu kto, kto mówi po polsku ?	chi yehst too kto, kto mŏŏvi po polskoo
Can you read English ?	Czy możesz pan czytać po angielsku ?	chi mozhehsh pahn chitahch po ahngiehlskoo
You read very well	Pan czyta bardzo dobrze	pahn chitah bahrdzo dobjeh
Who taught you ?	Kto pana uczył ?	kto pahnah oochiw
How long have you been learning ?	Jak długo się pan uczył ?	yak dwoogo sien pahn oochiw
Only a short time	Bardzo krotko	bahrdzo krŏŏtko
I find the pronunciation very difficult	Znajdóję że wymawianie jest bardzo dzo trudne	znahidŏŏien zheh vimahviahnieh yehst bahrdzo troodneh
You have a good accent	Pan ma dobry accent	pahn mah dobri accehnt
How long have you been in Warsaw ?	Jak długo był pan w Warszawie ?	yahk dwoogo biw pahn v vahrshahvieh
I have been two years in Warsaw	Byłem dwa lata w Warszawie	biwehm dvah lahtah v vahrshahvieh
Will you tell me ?	Czy zechcesz mi pan powiedzieć ?	chi zehhcehsh mi pahn poviehdziehch [niehi
Speak louder	Mów pan głośniej	mŏŏv pahn gwosh-
Do you understand?	Czy pan rozumie ?	chi pahn rozoomieh
I do not understand	Nie, nie rozumię	nieh, nieh rozoomien
Everybody knows	Każdy wie	kahzhdy vieh
Never mind	Nic nie szkodzi	nic nieh shkodzi
Carry this	Nieś pan to	niehsh pahn to
Take that away	Weź pan wten sposób	vehsh pahn v ten sposŏŏb
Make haste !	Spiesz się pan !	shpiehsh sien pahn
Come along !	Chodż pan !	hodzh pahn
Take care !	Ostrożnie !	ostrozhnieh

English.	Polish.	Pronunciatio .
Listen !	Słuchaj pan !	swoohahi pahn
Come in !	Proszę wejść	proshen vehishch
Bring me...	Proszę mi przynieść	proshen mi pzhinieh-shch
Give me...	„ mi dać...	proshen mi dahch
Tell me...	„ mi powiedieć	proshen mi povieh-dziehch
What did you say ?	Co pan powiedział ?	co pahn povieh-dziahw
What did you ask ?	Co się pan pytał ?	co sien pahn pitahw
What is the matter ?	Co się dzieje ?	co sien dziehieh
Come here !	Nuje ! Zwawo !	noozheh ! zhvahvo !
	Chodź tutaj !	hodzh tootahi
Go away !	Precz !	prehch
What do you want ?	Co sobie pan życzy ?	co sobieh pahn zhichi
I am in a great hurry	Spieszę się	shpiehshen sien
	Spieszno mi bardzo	shpiehshno mi bahr-[dzo
I am going home	Idę do domu	iden do domoo
He has returned	On wrócił	on vrooociw
Leave me alone	Zostaw mnie pan w spokoju	zostahv mnieh pahn v spokoioo
Mind your own business	Patrz pan swego nosa !	patzh phan svehgo nosah
I wish he'd go about his business	Dobrze by było gdyby patrzał swego nosa	dobzheh bi biwo gdibi pahtjahw svehgo nosah
Leave the room	Precz z moich oczów !	prehchz moih ochoov
Go out of the room !	Wyjdź z pokoju !	vi-jdz z pokoyoo
Mind what you are doing	Patrz co robisz !	pahtj co robish
What are you doing now ?	Co pan robisz teraz?	co pahn robish tehrahz
Are you looking for anything ?	Czy pan szukasz czego ?	chi pahn shookahsh chehgo
What are you talking about ?	O czem pahn mówi ?	o chehm pahn moovi

English.	Polish.	Pronunciation.
What is the matter with you ?	Co się z panem dzieje ?	co sien z pahnem dziehieh
Where are you going ?	Gdzie pan idzie ?	gdzieh pahn idzieh
I am for going home	Mam zamiar iść do domu	mahm zahmiahr ish-ch do domoo
It is all the same to me	Wszystko mi jedno	vshistko mi yehdno
Let us go if you are ready	Chodźmy jeżeli pan gotów	hodzhmi yezhehli pahn gotōōv
May I ask you ?	Pozwoli pan się spytać ?	pozvoli pahn sien spitahch
Do you remember me ?	Czy mnie pan pamięta ?	chi mnieh pahn pahmientah
I do not remember you ?	Nie, nie pamiętam pana	nieh, nieh pahmientahm pahnah
I remember you very well	Pamiętam pana bardzo dobrze	pahmientahm pahna bahrdzo dobzheh
You have made a mistake	Pan zrobił błąd Pansię pomylił	pahn zrobiw bwond pahn sien pomiliw
If I may say so	Takie jest moje zdanie	tahkieh yehst moieh zdahnieh
You must not say so	Nie mów pan tak	nieh mōōv pahn tahk
By and by	Zaraz	zahrahz
Little by little	Powoli	povoli
Once for all	Na zawsze	nah zahvsheh
From bad to worse	Ze złego na gorsze	zeh zwehgo nah gor-[sheh
This way	Tędy	tendi
That way	Tamtędy	tahmtendi
In this manner	Tym sposobem	tim sposobehm
Too soon	Za wcześnie	zah vchehshnieh
Too late	Za późno	zah pōōzhno
Sooner or later	Wcześniej czy później	vchehshniehi chi pōōzhniehi
Very well	Bardzo dobrze	bahrdzo dobzheh
Of course	Naturalnie	nahtoorahlnieh
On the contrary	Przeciwnie	pzhehcivnieh

English.	Polish.	Pronunciation.
After all [selves	Koniec końców	koniehc kony'co͝ov
That's between our-	To pomiędzy nami	to pomiendzy nahmi
That's of no importance	To nie ma żadnej wagi	to nieh mah zhahdnehi vahgi
I remember it	Ja to pamiętam	yah to pahmientahm
All at once	Znagła	znahgwah
You are right	Ma pan racją	mah pahn rahcion
You are wrong	Pan błądzi	pahn bwondzi
You are joking	Pan żartóje	pahn zhahrto͝oieh
Are you going anywhere ?	Czy pan gdzie idzie?	chi pahn gdzieh idzieh
I am going to town	Idę do miasta	iden do miahstah
Upstairs	Na górze	nah go͝ozheh
Downstairs	Na dole	nah doleh
Don't go away	Nie chodź pan jeszcze	nieh hodzh pahn yehshcheh
Where have you been ?	Gdzie pan był ?	gdzieh pahn biw
He is a friend of mine	To mój przyjaciel	to mo͝oi pzhiahciehl
Don't stir	Nie ruszazhsię pan	nieh rooshahi sien pahn
I do not think much of it	Niemam wielkiej opinji otem	nieh mamh viehlkiehi opinii o tehm
I have heard	Słyszałem	swishahwehm
I have been told	Mówiomo mi o tem	mo͝oviono mi o tehm
It is not my fault	To nie moja wina	to nieh moiah vinah
Don't blame me	Nie obwiniaj mnie pan	nieh obviniahi mnieh pahn

Emotional Expressions (Wyrażenia Uczuciowe).

What ?	Co ?	co
Is it possible ?	Czy podobna ?	chi podobnah
Indeed !	Zaprawdę !	zahprahvden
That is impossible	To nie podobna	to nieh podobnah
That cannot be	To nie może być	to nieh mozheh bich
You surprise me !	Pan mie zadziwia !	pahn mnieh zahdziviah

English.	Polish.	Pronunciation.
My fault !	Moja wina !	moiah vinah
It is a great pity !	To wielka szkoda !	to viehlkah shkodah
It is very sad !	To bardzo smutno !	to bahrdzo smootno
I am very glad	Cieszę się bardzo	ciehshen sien bahrd-
It gives me much pleasure	Bardzo mi miło	bahrdzo mi miwo [zo
What a shame !	Wstyd !	vstid [pahn
Don't be angry	Nie gniewaj się pan	nieh gniehvahi sien
How lovely !	To pięknie !	to pienknieh
Help !	Na pomac !	nah pomoc
For shame !	Wstyd !	vstid

Making Enquiries (Pytania).

Which is the way to—?	Którędy do... ?	ktoorendi do
How can I get there	Jak się mogę tam dostać ?	yahk sien mogen tahm dostahch
Could you get a car?	Czy może pan dostać automobilę ?	chi mozhch pahn dostach ahooto-mobilen
Are you sure ?	Czy pan pewny ?	chi pahn pehvni
Do you know ?	Czy pan wie ?	chi pahn vieh
What do you call that ?	Jak pan to nazywa?	yahk pahn to nah-zivah
Who is there ?	Kto tam ?	kto tahm
Who is that	Któż to jest ?	ktoozh to yehst
Don't you hear me?	Czy mnie pan nie słyszy ?	chi mnieh pahn nieh swishi
Will you kindly —?	Czy będzie pan łaskaw ?	chi bendzieh pahn wahskahv
Do you understand me ?	Czy mnie pan rozumie ?	chi mnieh pahn ro-zoomieh
What is that ?	Co to jest ?	co to yehst
What do you mean?	Co pan rozumie ?	co pahn rozoomieh
Is this the road to —?	Czy to droga do...?	chi to drogah do

The Custom House (Komora Celna).

English.	Polish.	Pronunciation.
Come to the custom house	Proszę na komorę	proshen nah komoren
The customs officer	Celnik	cehlnik
Have you a passport ?	Czy ma pan paszport ?	chi mah pahn pąhshport
Open your bag	Proszę otworzyć wa walizkę	proshen otvozhich vahlizken
Unlock this box	Proszę otwarzyć tę walizę	proshen otvozhich ten vahlizen
Here are the keys	Oto klucze	oto kloocheh
Have you anything to declare ?	Czy ma pan co zadeklarować ?	chi mah pahn co zahdehklahrovahch
I have nothing liable to duty	Nie mam nic do opłaty	nieh mahm nic do opwahti
Have you any tobacco or cigarettes	Czy ma pan tytoń albo papierosy ?	chi mah pahn titony' ahlbo pahpiehrosi
I have a few cigarettes	Mam kilka papierosów	mahm kilkah pahpiehrosŏŏv
Is my luggage passed ?	Czy moje rzeczy zrewidowane ?	chi moieh zhehchi zrehvidovahneh

The Railway (Kolej-żelazna).

English.	Polish.	Pronunciation.
Where is the station ?	Gdzie jest stacja ?	gdzieh yehst stahciah
Which is the train for...?	Który pociąg do..?	ktŏŏri pociong do
When does the train start ?	Kiedy pociąg rusza?	kiehdi pociong rooshah
The train starts at 7 o'clock	Pociąg rusza o siódmej	pociong rooshah o siŏŏdmehi

English.	Polish.	Pronunciation.
When does the train leave for—?	Kiedy idzie pociąg do... ?	kiehdi idzieh pociong do [zhniw
The train is late	Pociąg się spóźnił	pociong sien spo͝o-
Where are you bound for ?	Dokąd pan jedzie ?	dokond pahn yeh-dzieh
Where are you travelling to ?	Dokąd pan podró-żóje ?	dokond pahn po-dro͝ozho͝oieh
I am going away	Ja jade w drogę w podróż	yah yahden v drogen v padro͝ozh
I am travelling to—	Ja jadę do...	yah yahden do
The train is slow	Ten pociąg jest walny	tehn pociong yehst volni
Where do you come from ?	Zkąd pan przybywa	zkond pahn pzhibi-vah
She is starting for..	Ona jedzie do...	onah yehdzieh do
What is the name of this station ?	Jak się ta stacja nazywa ?	yahk sien tah stah-ciah nahzivah [ki
I have two trunks	Mam dwa kuferki	mahm dvah koofehr-
Where is my luggage ?	Gdzie są moje ku-ferki ?	gdzieh son moieh kooferki [gahzh
Where is the porter ?	Gdzie jest tragarz ?	gdzieh yehst trah-
A good train	Dobry pociąg	dobri pociong
He is on a journey to...	On jedzie do...	on yehdzieh do
Here is my luggage	Oto moje rzeczy	oto moieh zhehchi
Are you going by the express ?	Czy pan jedzie poś-piesznym pocią-giem ?	chi pahn yehdzieh poshpiehshim po-ciongiehm
I want a ticket to...	Proszę a bilet do...	proshen o bileht do
First class	Pierwszą klassą	piehrvshon klahsson
Second Class	Drugą klassą	droogon klahsson
Third class	Trzecią klassą	tzhehcion klahsson
A smoking carriage	Oddział dla palą-cych	oddziahw dlah pah-loncih
Where do I change for...?	Gdzie mam zmienić pociąg do... ?	gdzieh mahm zmieh-nich pociong do
The train is starting	Pociąg rusza	pociong rooshah

English.	Polish.	Pronunciation.
Open the door	Proszę otworzyć drzwi	proshen otvozhich dzhvi
Shut the door	Proszę zamknąć drzwi	proshen zahmknonch dzhvi
Close the window	Proszę zamknąć okno	proshen zahmknonch okno
Do we change here?	Czy tu zmieniamy pociąg ?	chi too zmiehniahmi pociong
Tickets please ?	Bilety, proszę !	bilehti proshen
I have missed my train	Spóźniłem się na pociąg	spo͝ozhniwehm sien nah pociong
Pleasant journey !	Szcześliwej podróży	shchenshlivehi podro͝ozhi

Cab, Bus and Tram (Dorożka, omnibus i Tramwaj).

Call me a cab	Proszę mi zawałać dorożkę	proshen mizahvowach doro͝ozhken
Put my luggage in the cab	Proszę włożyć moje rzeczy do dorożki	proshen vwozhich moieh zhehchi do doro͝ozhki
Drive me to...	Proszę mnic zawieść do...	proshen mnieh zahviehshch do
What is the fare, cabman ?	Co wam się należy ?	co vahm sien nahlezhi
Drive quickly	Pośpieszaj	poshpiehshahi
Stop !	Stanij!	stahnii
Go on !	Popędzaj !	popendzahi
Wait !	Czekaj !	chehkahi
I want to get out	Ja chcę wysiąść	yah hcen visionshch
The tramway	Tramwaj	trahmvahi
Conductor !	Konduktor !	kondooktor
Two tickets to...	Dwa bilety do...	dvah bilehti do...
Take me to the... station	Zawieź mnie na stacją...	zahviezh mnieh nah stahcion...
Take me to... street	Zawieź mnie na... ulicę	zahviezh mnieh nah ... oolicen

Hotel and Rooms (Hotel i Pokoje).

English.	Polish.	Pronunciation.
Which is the best hotel here ?	Który hotel jest tu naljepszy ?	ktoori hotel yest too nahilepshi
Where will you stay?	Gdzie pan będzie mieszkał ?	gdzieh pahn bendzieh miehshkaw
Where is the landlord ?	Gdzie jest właściciel ?	gdzieh yehst vwahshchiciehl
Where is the maid ?	Gdzie jest służąca ?	gdzieh yehst swoozhoncah
I have one empty room	Mam jeden próżny pokój	mahm yehdehn proozhni pokooi
How much is this room ?	Jaka jest cena tego pokoju ?	yahkah yehst cehnah tehgo pokoioo
Let us go upstairs	Pójdźmy na górę	pooidzhmi nah gooren
That is very dear	To bardzo drogo	to bahrdzo drogo
Which room ?	Który pokój ?	ktoori pokooi
This one	Ten	tehn
Give me a towel	Proszę oręcznik	proshen o renchnik
Give me some soap	Proszę o mydło	proshen o midwo
Some hot water, please	Proszę o garącą wodę	proshen o goroncon voden
Light the fire, stove	Zapal w piecu	zahpahl v piehcoo
Are you looking for anything ?	Czy pan szuka czego	chi pahn shookah chehgo
Bring me a basin	Proszę o miednicę	proshen o miehd nicen
Bring me a razor	Proszę o brzytwę	proshen o bzhhitven
Is there a bathroom in this hotel ?	Czy jest kąpiel wytn hotelu ?	chi yehst konpiehl v tim hoteloo
Show me the bathroom	Proszę mi pokazać łazienkę	proshen mi pokahzach wahziehnken
Where is the W.C. ?	Gdzie jest wychodek ?	gdzieh yehst vihodehk
Let us go down	Chodźmy na dół	hodzhmi nah doow
Let us go to the dining-room	Chodźmy do sali jadalnej	hodzhmi do sahli yahdahlnehi

English.	Polish.	Pronunciation.
We will lunch downstairs	Zjemy śniadanie na dole	ziehmi shniahdahnieh nah doleh
At table	Do stołu	do stowoo
I am going to wash	Idę się myć	iden sien mich
Wash yourself quickly	Myj się pan prędko	mii sien pahn prendko
I will be ready in a minute	Będę gotów za minutę	benden gotoov zah minooten
I am washing my [face	Myję moją twarz	miien moion tvahzh
Wake me early	Proszę mnie wcześnie obudzić	proshen mnieh vchehshnieh oboodzich
At what time ?	O której godzinie ?	o ktoorehi godzinieh
At six o'clock	O szóstej	o shoostehi
Get up, sir	Niech pan wstanie	niehh pahn vstah- [nieh
I am getting up immediately, thanks	Zaraz wstanę, dziękóję	zahrahz vstahnen, dzienkooien
Dress yourself quickly	Niech się pan prędko ubiera	niehh sien pahn prendko oobiehrah
Are you dressed ?	Czy pan ubrany ?	chi pahn oobrahni
I will be dressed in a minute	Będę gotów za minutę	benden gotoov zah minooten
How did you sleep ?	Jak pan spał ?	yahk pahn spahw
I fell asleep at once	Zaraz zasnąłem	zahrahz zahsnonwehm
I always sleep well	Ja spię zawsze dobrze	yah shpien zahvsheh dobzheh
I didn't close an eye all night	Nie zamknąłem oka całą noc	nieh zahmknonwehm okah cahwon noc
How long did you sleep ?	Jak długo pan spał?	yahk dwoogo pahn spahw
Till 7 o'clock	Do szóstej	do shoostehi
I slept from... till...	Spałem od...do...	spahwehm od...do...
You slept very well then	Więc pan spał bardzo dobrze	vienc pahn spahw bahrdzo dobzheh

English.	Polish.	Pronunciation.
It was about 5 o'clock	To było około piątej	to biwo okowo piontehi
Are you comfortable?	Czy panu wygodnie	chi pahnoo vigodnieh
I want a comb and brush	Potrzebóję grzebienia i szczotki	potzhehbo͝oien gzhehbieniah i shchotki [dri
I want a blanket	Potrzebóję kołdry	potzhehbo͝ojen kow-
My overcoat is in the wardrobe	Moje palto jest w szafie	moieh pahlto yehst v shahfieh
Put my boots near the fire	Proszę postawić moje buty przy ogniu	proshen postahvich moieh booti pzhi ognioo
That will do	To dobrze	to dobrzheh
Is there a good hotel here?	Czy jest tu dobry hotel?	chi yehst too dobri hotel
Bring me my bill	Proszę mi przyniešć mój rachónek	proshen mi pzhniehshch mo͝oi rahho͝onehk
Three marks a day	Trzy marki dziennie	tji mahrki dziehny'nieh
There is a mistake in this bill	Wtym rachónku jest błąd	vtim rahho͝onkoo yehst bwond
I want a bedroom	Potrzebóję pokoju	potrzhehbo͝oien pokoioo
Let me see the rooms	Proszę mi pokazać pokoje	proshen mi pokahzahch pokoieh
Very well, take me upstairs	To dobrze. proszę mi pokazać na góre	to dobzheh, proshen mi pokahzahch nah go͝oreh
We will take this room	Weźniemy ten pokój	vehzhniehmi tehn poko͝oi
Give me the key of my room	Proszę o klucz od mego pokoju	proshen o klooch od mehgo pokoioo
Give me a candle, please [ket	Proszę o świecę [dre	proshen o shviehcen [kwodren
I want another blan-	Proszę o drugą koł-	proshen o droogon

English.	Polish.	Pronunciation.
We are leaving early to-morrow	Wyjeżdżamy jutro rano	viyehzhdzhahmi yootro rahno
Take my luggage down	Znieście moje rzeczy na dół	zniehshcieh moieh zhechi nah doow
Let me have the menu card	Proszę o menu	proshen o menu

Breakfast, Dinner, Tea (Sniadanie, Obiad, Herbata).

Is breakfast ready ?	Sniadanie gotowe ?	shniahdahnieh gotoveh ?
Breakfast is ready	Sniadanie jest gotowe	shniahdahnieh yehst gotove
Do you drink tea or coffee ?	Pije pan herbatę czy kawę ?	piyeh pahn hehrbahten chi kaven
A cup of tea	Filiżankę herbaty	filizhahnken hehrbahti
Show me the bill of fare	Proszę o spis jadeł	proshen o spis yahdehw
I am hungry	Jestem głodny	yehstehm gwodni
I am thirsty	Chce mi sie pić	hceh mi sien pich
Some bread and [butter	Chleb i masło	hlehb i mahswo
Café au lait	Biała kawa	biahwah kahvah
Do you want white or brown bread ?	Pan sobie życzy chleba pytlowego czy razowego ?	pahn sobieh zhichi hlehbah pitloehgo chi rahzovehgo
Will you have some [water ?	Czy chce pan wody?	chi hceh pahn vodi
Yes, please	Z przyjemością	z przhiyehehmnoshcion
I want a spoon	Proszę o łyżkę	proshen o wizhken
Dinner is ready	Obiad gotów	obiahd gotoov
Where will you dine to-day ?	Gdzie będzie pan jadł obiad dzisiaj?	gdzieh bendzieh pan yahdw obihad dzisiahi
It is too early yet for dinner	Jeszcze za wcześnie na obiad	yehshcheh zah vchehshnieh nah obiahd

English.	Polish.	Pronunciation.
Help yourself to vegetables	Pozwoli pan jarzyn?	pozwoli pahn yazhin
Some soup and [meat ?	Zupy i mięsa ?	zoopi i miensah
A pudding	Pasztet	pahshteht
Pork, potatoes and cabbage	Swinina, kartofle i kapusta	shvininah, kahrtofleh i kahpoostah
A piece of meat	Kawałek mięsa	kahvawehk miensah
I do not like fat meat	Nie lubię tłustego mięsa	nieh loobien twoostehgo miensah
How do you like the beef ?	Czy pan lubi wołowinę ?	chi pahn loobi vowovinen
Is there any fruit ?	Czy są owoce ?	chi son ovoceh
Would you like some cheese ?	Czy chce pan sera ?	chi hceh pahn sehrah
May I offer you a cup of tea ?	Czy pan pozwoli filiżankę herbaty?	chi pahn pozvoli filizhahnken hehrbahti
What soup have you got ?	Jaka jest zupa ?	yahkah yehst zoopah
Have you any good wine ?	Czy jest dobre wino	chi yehst dobreh vino
How do you like the wine ?	Czy pan lubi to wino ?	chi pahn loobi to vino
Bring me a bottle of beer	Proszę a butelkę wina	proshen o bootehlken vinah
Bring me a glass of beer	Proszę a szklankę piwa	proshen o shklahnken pivah [skieh
Your health !	Zdrowie pańskie !	zdrovieh pahny'-
How much ?	Ile się należy ?	ileh sien nahlehzhi
That is very dear	To bardzo drogo	to bahrdzo drogo
We will lunch here	Będziemy tu jeść śniadanie	bendziehmi too yehshch shniahdahnie
Order supper	Każ pan dać kolacje	kahzh pahn dahch kolahcien
Who is waiting on the guests ?	Kto służy gościom ?	kto swoozhi goshciom

English.	Polish.	Pronunciation.
You have spilt the coffee on the table cloth	Rozlał pan kawę na obrus	rozlahw pahn kahven nah obroos
I cannot cut with this blunt knife	Nie mogę krajać tym tępym nożżem	nieh mogen krahiach tim tenpim nozhehm
What do you drink at meals ?	Co pan pije podczas jedzenia ?	co pahn piyeh podchahs yehdzehniah
I do not care for [wine	Nie lubię wina	nieh loobien vinah
Is the beer good ?	Czy piwo dobre ?	chi pivo dobreh
Shall I pour you out another cup of coffee ?	Czy nalać panu drugą filiżankę kawy	chi nahlach pahnoo droogon filizhahnken kahvi
There is no bread	Nie ma chleba	nieh mah hlehbah
Is the cheese good ?	Czy ser dobry ?	chi sehr dobri
It is	Dobry	dobri
This pear is not good	Ta gruszka nie jest dobra	tah grooshkah nieh yehst dobrah
At table	{Za stołem {Przy stole	zah stowehm pzhhi stoleh
At dinner	Podczas obiadu	podchahs obiahdoo
Before lunch	Przed śmiadaniem	pzhhehd shniahdahniehm
Pass me the salt	Proszę a sól	proshen o sōol
Is the tea made ?	Herbata gotowa ?	hehrbahtah gotovah
Some hot rolls please	Proszę o świeże buleczki	proshen o shviehr'zheh boowehchki
Some bread, please	Proszę o chleb	proshen o hlehb
Do you take milk and sugar ?	Pije pan z mlekiem i cukrem ?	pi-yeh pahn z mlehkiehm i cookrehm
Milk please, but no sugar	Z mlekiem lecz bez cukru	z mlehkiehm lehch behz cookroo
Will you have an [egg ?	Chce pan jajka ?	hceh pahn yahiko
This egg is hard	To jajko jest twarde	to yahiko yehst tvahrdeh
Pass me the butter	Proszę a masło	proshen o mahswo

English.	Polish.	Pronunciation.
Is your coffee strong enough ?	Czy pańska herbata dość mocna?	chi pahny'skah hehrbahtah doshch mocnah
Nothing more	Nic więcej	nic viencehi
A piece of toast	Sucharek ?	soohahrehk
Cold meat	Zimne mięso	zimneh mienso
Some more fish ?	Jeszcze ryby ?	yehsh-cheh ribi
Yes, please	Z przyjemnością	z pr'zhi-yehmnosh-[cion
Where is there a good restaurant ?	Gdzie jest dobra restauracja ?	gdzieh yehst dobrah restahoorahcia
Waiter !	Kjelner !	kiehlnehr
What time is dinner?	O której godzinie obiad ?	o ktoorehi godzinieh obiahd
What is the charge?	Ile to kosztóje ?	ileh to koshtooieh
We shall dine at... o'clock	Będziemy jeść obiad o...	bendziehmi yehsh-ch obiahd o...
Have you any roast beef ?	Czy jest rozbif ?	chi yehst rozbif
Some soup ?	Zupy ?	zoopi
Bring me a glass of water	Proszę a szklankę wody	proshen o shklahnken vodi
Give me something to drink	Proszę mi dać co do picia	proshen mi dahch co do piciah
Tea for two	Dwie herbaty	dvieh hehrbahti
Tea is ready	Herbata gotowa	hehrbahtah gotovah
Ring the bell, please	Bądź pan łaskaw zadzwonić	bondj pahn wahskahv zahdzvonich
What is the charge per day ?	Jaka cena za dziień	yahkah cehnah zah dziehnyy'

Smoking (Palenie Tytunie).

Cigar	Cygaro	cigahro
Cigarette	Papieros	pahpiehros
Pipe	Fajka	fahikah
Tobacco	Tytoń	titony'

English.	Polish.	Pronunciation.
Matches	Zapałki	zahpahwki
Do you smoke ?	Czy pan pali ?	chi pahn pahli
No, thanks, I do not smoke	Nie, dziękóję, ja nie palę	nieh, dzienkŏŏien, yah nieh pahlen
I smoke a pipe	Palę fajkę	pahlen fahiken
Will you have a cigar ?	Zapali pan cygaro ?	zahpahli pahn cigahro
Is this tobacco strong ?	Czy ten tytoń mocny ?	chi tehn titony' mocni
Give me some tobacco	Proszę mi dać tytoniu	proshen mi dahch titonioo
Have you any cigarettes ?	Czy ma pan papierosy ?	chi mah pahn pahpiehrosi
What sort of cigarettes are these ?	Jakie są te papierosy ?	yakieh son teh pahpiehrosi
They are good ones	Dobre	dobreh
They are the best (brand)	Najlepsze	nahilehpsheh
Cigarette papers	Papier na papierosy	pahpierh nah pahpiehrosi
Why don't you smoke ?	Dla czego pan nie pali ?	dlah chehgo pahn nieh pahli
Because smoking is injurious	Bo palenie jest szkodliwe	bo pahlehnieh yehst shkodliveh
Who is smoking here ?	Kto tu pali ?	kto too pahli
My brother is smoking	Mój brat pali	mŏŏi braht pahlí
Tobacconist	Handlarz tytoniu	hahndlahr'zh titonioo
I must buy cigarettes to-day	Muszę dziś kupić papierosów	mooshen dzish koopich pahpiehrosoov
Where do you buy cigarettes ?	Gdzie pan kupóje papierosy ?	gdzieh pahn koopŏŏieh pahpiehrosi
Wait a minute whilst I buy some cigarettes	Poczekaj pan chwilę nim kupię papierosów	pochehkahi pahn hvilen nim kupien pahpiehrosŏŏv

English.	Polish.	Pronunciation.
Give me a box of cigarettes	Proszę a pudełko papierosów	proshen o poodewko pahpiehrosōōv
How much is this box of cigars ?	Jaka cena te go pudełka cygar ?	yahkah cehnah tehgo poodehwkah cigahr
Matches are dear now	Zapałki są drogie teraz	zahpahwki son drogieh tehrahz
Give me a box of matches	Proszę mi dać pudełko zapałek	proshen mi dahch poodehwko zahpahwehk
How much do you want ?	Ile pan potrzebóje ?	ileh pahn potzhehbōōieh
What do I owe you?	Ile ja winienem ?	ileh yah viniehnehm
I'll have a smoke while you're writing your letters	Ja będę palił podczas gdy pan piszesz listy	yah benden pahliw podchas gdi pahn pishehsh listi

Newspapers (Gazety).

What's the news ?	Co nowego ?	co novehgo
He is reading the newspaper	On czyta gazetę	on chitah gahzehten
He was reading a newspaper	On czytał gazetę	on chitahw gahzehten
Read the paper	Czytaj pan gazetę	chitahi pahn gahzehten
This paper is not much read	Ta gazeta nie ma wielu czytelników	tah gahzehtah nieh mah viehloo chitehlnikōōv
Have you any English newspapers or books	Czy pan masz gazety albo książki angielskie ?	chi pahn mahsh gahzehti ahlbo ksionzhki ahngiehlskieh
I get English papers regularly	Ja otrzymóję regularnie gazety angielskie	yah otzhhimōōien rehgoolahrnieh gahzehti ahngiehlskieh

English.	Polish.	Pronunciation.
Do you keep the French reviews ?	Czy pan masz francuzkie przeglądy ?	chi pahn mahsh frahncoozkieh pzhehglondi

In Town (W mieście).

English.	Polish.	Pronunciation.
Where shall we go ?	Gdzie pójdziemy ?	gdzieh po͝oidziehmi
Which is the way to...?	którędy do... ?	kto͝orendi do...
Straight on	Prosto	prosto
To the right	Na prawo	nah prahvo
To the left	Na lewo	nah lehvo
Let us go in the town	Chodżmy do miasta	hodzhmi do miahstah
Let us go if you are ready	Chodźmy jeżeli pan gotów	hodzhmi yehzheli pahn goto͝ov
Up there	Tam do góry	tahm do go͝ori
Down there	Tam na dół	tahm nah do͝ow
Have you any money about you?	Czy masz pan pieniądze z sobą ?	chi mahsh pahn piehniondzeh z sobon
At home	W domu	v domoo
Not very far	Nie bardzo daleko	nieh bahrdzo dahlehko
Where are you going ?	Gdzie pan idzie ?	gdzieh pahn idzieh
I am in a great hurry	Bardzo mi pilno	bahrdzo mi pilno
I cannot stay more than an hour	Nie mogę zostać dłużej jak godzinę	nieh mogen zostahch dwoozhehi yahk godzinen
I must be home by three o'clock	Muszę być w domu o trzeciej	mooshen bich v domoo o tzhehciehi
We shall be back by four o'clock	Bedziemy z powrotem o czwartej	bendziehmi z povrotehm o chvahrtehi
Everything will be ready by the time you come	Wszystko będzie gotowe gdy pan powrócisz	vshistko bendzieh gotoveh gdi pahn povro͝ocish

English.	Polish.	Pronunciation.
By and by	Niezadługo Do prędkiego !	niehzahdwoogo do prendkiehgo
My friend's house	Dom mego przyjaciela	dom mehgo pzhiyahciehlah
When are you coming to see me ?	Kiedy pan przyjdzie do mnie ?	kiehdi pahn pzhiydzieh do mnieh
I called at your house yesterday evening	Byłem u pana wczoraj wieczór	biwehm oo pahnah vchorahi viehcho͞or
The house stands outside the town	Dom jest za miastem	dom yehst zah miahstehm
At our house	W naszym domu	v nahshim domoo
Where did you meet your friend?	Gdzie pan spotkał pańskiego przyjaciela	gdzieh pahn spotkahw pahny'skiehgo pzhiyahciehla
I met him in the street	Spotkałem go na ulicy	spotkahwehm go nah oolici
I have just seen him	Ja go widziałem minutę temu	yah go vidziahwehm minooten tehmoo
He is walking up and down the street	On spaceróje w górę i na dół ulicy	on spahcehro͞oieh v go͞oren i nah do͞ow oolici
He will be at home on Sunday	On będzie w domu w niedziele	on bendzieh v domoo v niehdziehleh
I shall call on you to-morrow	Przyjdę do pana jutro	pzhiiden do pahnah yootro
Where were you yesterday evening ?	Gdzie pan był wczoraj wieczór ?	gdzieh pahn biw vchorahi viehcho͞or
We were at the theatre	Byliśmy w teatrze	bilishmi v tehatzheh
Why did you remain so long in the theatre ?	Dla czego stał pan tak długo w teatrze ?	dlah chehgo stahw pahn tahk dwoogo v tehahtjeh
What are you doing to-night ?	Co pan robi dziś wieczór	co pahn robi dzish viehcho͞or

English.	Polish.	Pronunciation.
We are not doing anything	Wcale nic	vcahleh nic [bich
What shall we do ?	Co będziemy robić?	co bendziehmi ro-
Would you care to go to the theatre to-night ?	Masz pan chęć pójć do teatru dziś wieczór ?	mahsh pahn hench pŏŏishch do tehah-troo dzish vieh-chŏŏr
I would if I had any company	Poszed bym gdybym miał z kim	poshehd bim gdibim miahw z kim
I shall go to the theatre this evening	Pójdę do teatru dziś wieczór	pŏŏiden do tehah-troo dzish vieh-chŏŏr
Shall we go to the pictures(cinema)?	Czemu nie pójść do cynema ?	chehmoo nieh pŏŏ-ishch do cinehmah
Up the street	{W górę ulicy {Do góry ulicą	v gŏŏren oolici do gŏŏri oolicon
How far is it to...?	Jak daleko do... ?	yahk dahlehko do—
Turn to the right	Zwróć sie pan na prawo	zvrŏŏch sien pahn nah prahvo
Keep to the left	Ciągle na lewo	ciongleh nah lehvo
Take the first turning to the left and the second to the right	Zwróć się pan przy pierwszym zwrocie na lewo, a przy drugim na prawo	zvrŏŏch sien pahn pzhi piehrvshim zwrocieh nah leh-vo, ah przhi droo-gim nah prahvo
Straight on	Prosto	prosto
Is this the right direction for... ?	Czy to dobra droga do... ?	chi to dobrah drogah do—
Do you know Mr. ... ?	Czy pan znasz pana... ?	chi pahn znahsh pah-nah—
I do not know anyone of that name	Nieznam nikogo ktoby się tak nazywał	nieh znahm nikogo ktobi sien tahk nahzivahw
That's one of my best friends	To jest jeden z moich najlepszych przyjaciół	to yehst yehdehn z moih nahilehpshih pjiyahciŏŏw

English.	Polish.	Pronunciation.
I know him very well	Ja go znam bardzo dobrze	yah go znahm bahrdzo dobzheh
Where does he live?	Gdzie on mieszka ?	gdzieh on miehshkah
Close by	Bardzo blizko	bahrdzo blizko
Can you tell me where he lives ?	Czy możie mi pan powiedzieć gdzie on mieszka ?	chi mozheh mi pahn povieh dziehch gdzieh on mieshka
Is Mrs...at home ?	Czy pani...jest w domu ?	chi pahni— yehst v domoo
Mrs...is not at home	Pani...nie jest w domu	pahni— nieh yehst v domoo
Can I see Mr... ?	Czy mogę widzieć pana... ?	chi mogen vidziehch pahnah—
Could you call again?	Czy może pan powrócić ?	chi mozeh pahn povroochich
He is out	On wyszedł	on vishehdw
Where could I see him ?	Kiedy mógłbym go widzieć ?	kiehdi moogwbim go vidziehch
I must go	Muszę iść	mooshen ishch
Good-bye	Do widzenia !	do vidzehniah

Notices (Napisy).

Apartments	Apartamenta	ahpahrtahmehntah
Bedrooms to let	Pokój sypialny do wynajęcia	pokooi sipiahlni do vinahienciah
Danger !	Niebespiecznie !	niehbehzpiehchnieh
Entrance	Wejście	vehishcieh
Exit	Wyjście	vi-yshcieh
No thoroughfare !	Przejazd wzbroniony !	pzhehiahzd vzbronioni
Pull	Pociągnij	pociongni-y
Push	Popchnij	pophni-y
Smoking prohibited	Nie wolno palić Palenie wzbronione	nieh volno pahlich pahlehnieh vzbronioneh
Furnished rooms	Pokoje umeblowane	pokoieh oomehblovahneh [neh

English.	Polish.	Pronunciation.
No admittance	Wejście wzbronione	vehishcieh vzbronio-
Keep off the grass	Zabrania się chodzić po trawie	zahbrahniah sien hodzich po trahvieh
Private	Własność prywatna	vwahsnoshch privahtnah

Money (Pieniądze).

What does this cost?	Ile to kosztóje ?	ileh to koshtooieh
What price is... ?	Jaka cena... ?	yahkah cehnah—
A shilling	Jeden szyling	yehdehn shiling
A penny	Jeden pens	yehdehn pehns
A half-penny	Pół pensa	pōōw pehnsah
Twopence	Dwa pensy	dvah pehnsi
Ten-shilling note	Dziesięc szylingów papierowych	dziehsiench shilingōōv pahpiehrovich
100 pfenigs make one mark	Sto groszów jest jedna złoty	Stoh grcshoov yehst yehdnah zwohti
Have you any change ?	Czy masz pan drobne ?	chi mahsh pahn drobneh
I have no change	Nie mam drobnych	nieh mahm drobnih
I haven't even a pfenig	Nie mam nawet grosza	nieh mahm nahveht groshah
Where is the bank ?	Gdzie jest bank ?	gdzieh yehst bahnk
Have you any Polish money ?	Czy ma pan polskie pieniądze ?	chi mah pahn polskieh piehniondzeh
Have you any more?	Czy masz pan więcej ?	chi mahsh pahn viencehi
That is not enough	To nie dosyć	to nieh dosich
Have you any money about you ?	Czy ma pan co pieniędzy z sobą ?	chi mah pahn co piehniendzy z sobon
It is very dear	To bardzo drogo	to bahrdzo drogo
That is too much	To za wiele	to zah viehleh
This is cheaper	To jest tańsze	to yehst tahny'sheh
Where can I get English money changed ?	Gdzie mogę zmienić angielskie pieniądze ?	gdzieh mogenz miehnich ahngiehlskieh piehniondzeh

English.	Polish.	Pronunciation.
Will you cash this cheque for me ?	Czy zechce mi pan zmienić ten czek?	chi zehhceh mi pahn zmiehnich tehn chehk

Shopping (Rakupna).

English.	Polish.	Pronunciation.
I wish to buy...	Chcę kupić...	hcen koopich
I will take this	Ja wezmę to	yah vehzmen to
I should like to see some ribbons	Proszę mi pokazać wstążki	proshen mi pokahzahch vstonzhki
Show me some...	Proszę mi pakazać	proshen mi pokahzahch—
How much ?	Ile ?	ileh
What is the price ?	Jaka cena ?	yahkah cehnah
That is too dear	To za drogo	to zah drago
This colour is too dark [rower ?	Ten kolor jest za ciemny	tehn kolor yehst zah ciehmni [shi
Have you any nar-	Czy macie węższy ?	chi mahcieh venzh-
What is this a metre ?	Ile za meter ?	ileh zah mehtehr
It is faded	To jest wypłowiałe	to yehst viwpoviahweh [kieh
That is too fine	To jest za cienkie	to yehst zah ciehn-
This will do	To wystarczy	to vistahrchi
Show me some gloves [pair ?	Proszę mi pokazać rękawiczki	proshen mi pokahzahch renkahvichki
What are these a	Ile ta para ?	ileh tah pahrah
I want some linen	Proszę o płutno	proshen o pwootno
A packet of pins	Paczkę śpilek	pachken shpilehk
Two kilograms and a half	Półtora kilograma	pŏŏwtorah kilograhmah
Half a kilogram	Pół kilograma	pŏŏw kilograhmah
How much does the lot come to ?	Ile za wszystko ?	ileh zah vshistko
Are you being attended to	Czy panu usłużono?	chi pahnoo ooswoozhono

English.	Polish.	Pronunciation.
To make to order	Zrobić na miare	zrobich nah miahreh
Do you keep... ?	Czy macie... ?	chi mahcieh—
We do not stock it	Nie, nie trzymamy	nieh, nieh tzhimahmi
We will get it for you	Sprowadzimy dla pani	sprovahdzimi dlah pahni
At what price, madam ?	Na jaką cenę, proszę pani ?	nah yahkon cehnen, proshen pahni
About four marks a metre	Około czterech marek łokieć	okowo chtehreh mahrehk wokiehch
Have you a different pattern ?	Czy macie inne próbki ?	chi mahcieh inneh proobki
May we get it for you ?	Czy możemy sprowadzić dla pani ?	chi mozhehmi sprovahdzich dlah pahni
A better material	Lepszy materjał	lehpshi mahtehriahw
Have you any better (material)	Czy macie co lepszego ?	chi mahcieh co lehpshehgo
Show me some others	Proszę mi pokazać co innego	proshen mi pokahzahch co innehgo
Can you recommend it ?	Czy możecie to rekomendować ?	chi mozhehcieh to rehkomehndovahch
We can recommend this	Tak, możemy to rekomendować	tahk, mozhehmy to rehkomehndovahch
To (take one's) measure	Wziąść miarę	vzionshch miahren
In the latest fashion	Według ostatniej mody	vehdwoog ostahtniehi modi
Will it wash ?	Czy będzie można to prać ?	chi bendzieh mozhna to prahch
It will wash well	Tak, będzie można	tahk, bendzieh mozhna
We guarantee this	Zaręczamy to	zahrenchahmi to
Where is that to be had (where can one get that) ?	Gdzie można tego dostać ?	gdzieh mozhna tehgo dostahch
Try on these	Niech pani to przymierzy	niehh pahni to pzhimiehzhi

English.	Polish.	Pronunciation.
Please measure me for a suit of clothes	Proszę wziąść miarę na ubranie	proshen vzionshch miahren nah oobrahnieh
That fits me all right	To dobrze leży	to dobr'zheh lehzhi
The sleeves are too long	Rękawy są za długie	renkavi son zah dwoogieh
Put on your gloves	Niech pani włoży rękawiczki	niehh pahni vwozhi renkahvichki
I will take them with me	Ja je wezmę z sobą	yah yeh vehzmen z sobon
Send them to...	Proszę je posłać do..	proshen yeh poswahch do—
Send it to me at once	Proszę mi to posłać natychmiast	proshen mi to poswahch nahtihmiahst
Can we send them for you ?	Czy możemy je posłać ?	chi mozhehmi yeh poswahch
What name, please?	Pod jakiem nazwiskiem, prozsę pani ?	pod yahkiehm nahzviskiehm, proshen pahni
o what address	Pod jakim adresem	pod yakim ahdrehsehm
I will pay on delivery	Zaplacę gdy otrzymam	zahpwahcen gdi otzhimahm
Clearance sale	Wysprzedaż	vispzhehdahzh
All at one price	Wszytko za jedną cenę	vshistko zah yehdnon cehnen
Pay at the desk	Proszę zapłacić do kassy	proshen zahpwahcich do kahssi

Amusements (Zabawy, Przyjemności).

Shall we go to the theatre ?	Czy pójdziemy do teatru ?	chi pooidziehmi do tehahtroo
What is on (what is the play) at the... theatre ?	Co grają w teatrze... ?	co grahion v tehahtzheh—

English.	Polish.	Pronunciation.
Where is the theatre booking office ?	Gdzie jest kassa teatralna ?	gdzieh yehst kahssah tehahtrahlnah
Is the box-office open ?	Czy kassa jest otwarta ?	chi kahssah yehst otvahrtah
I would like to see a plan	Chciałbym widieć plan teatru	hciawbim vidziehch plahn tehahtroo
These seats are reserved	Te miejsca są zarezerwowane	teh miehiscah son zahrehzehrvovahneh
Will you take four seats ?	Czy pan weżmie cztery miejsca ?	chi pahn vehzhmieh chtehri miehiscah
Where are our seats ?	Gdzie są nasze miejsca ?	gdzieh son nahsheh miehiscah
There is no charge	To nic nie kasztóje	to nic nieh koshtooieh
Children half-price	Dzieci za połowe ceny	dziehch izah powoveh cehni
Give me a programme	Proszę o program ?	proshen o programm
Who is the conductor ?	Kto jest dyrektorem orkiestry ?	kto yehst direhktorehm orkiehstri
The band plays well !	Orkiestra gra dobrze !	orkiehstrah grah dobzheh
Is there a good museum here ?	Czy jest tu dobre museum ?	chi yehst too dobreh moosehoom
Are tickets required ?	Czy potrzeba mieć bilety ?	chi potzhehbah miehch bilehti
How much will it cost ?	Ile to będzie kosztować ?	ileh to bendzieh koshtovahch
It will take all day	To zabierze cały dzień	to zahbiehjeh cahwi dziehny
Then we will take something with us	A więc weźniemy co z sobą	ah vienc vehzhniehmi co z sobon
Can we go by coach?	Czy możemy jechać koczem ?	chi mozhehmi yehhahch kochehm
The coach leaves at 10 o'clock	Kocz rusza o dziesiątej godzinie	koch rooshah o dziehsiontehi godzinieh

English.	Polish.	Pronunciation.
When does the coach go to... ?	Kiedy kocz idzie do... ?	kiehdi koch idzieh do
We will return to... at three o'clock	Powrócimy do... o trzeciej godzinie	povroocimi do...o tjehciehi godzinieh
Every Wednesday	Każdą środę	kahzhdon shroden
Is this a good restaurant ?	Czy to dobra restauracja ?	chi to dobrah rehstahoorahciah
I shall go to the Academy either to-day or to-morrow	Pójdę do akademii dziś albo jutro	pooiden do ahkahdemii dzish ahlbo yootro
Do you often go to the theatre ?	Czy chodzi pan często do teatru ?	chi hodzi pahn chensto do tehahtroo
I will pay for you	Ja zapłacę za pana	yah zahpwahcen zah pahnah

The Steamboat (Parowiec, Statekparowp).

Is this the boat for... ?	Czy to ten statek do... ?	chi to tehn stahtehk do
When does the boat start ?	Kiedy statek rusza?	kiehdi stahtehk rooshah
What time are we (is the boat) due at... ?	Kiedy staniemy (statek stanie) w... ?	kiehdi stahniehmi (stahtehk stahnieh) w
Wait for me !	Proszę zaczekać na mnie	proshen zahchehkahch nah mnieh
It is getting late	Już jest późno	yoozh yehst poozhno
Where is your luggage ?	Gdzie są panskie rzeczy ?	gdzieh son pahny'skieh zhechi
When shall we arrive ?	Kiedy przybędziemy ?	kiehdi pzhibendziehmi
I want to go down into the cabin	Ja chcę iść na dół do kajuty	yah hcen ishch nah doow do kahiooti
I want a cabin to myself	Ja chcę kajutę dla mnie samego	yah hcen kahiooten dlah mnieh sahmehgo

English.	Polish.	Pronunciation.
Where is my cabin ?	Gdzie jest moja kajuta ?	gdzieh yehst moiah kahiootah
The sea is smooth	Morze jest gładkie (spokojne)	mojeh yehst gwahdkieh (spokoineh)
The sea is rough	Morze jest burzliwe	mojeh yehst boozhliveh
A gale is blowing	Wicher morski dmie	vihehr morski dmieh
I feel sea-sick	Zbiera mi się na wymioty Czuję że choroba morska się zbliża	zbiehrah mi sien nah vimioti chooien zheh horobah morskah sien zblizhah
Can you get me some tea ?	Czy mógłbyś pan dostać herbaty dla mnie ?	chi moogwbish pahn dostahch hehrbahti dlah mnieh
Call the stewardess	Proszę zawołać stuartki	proshen zahvowahch stooahrtki
There is another trunk	Tam jest drugi kufer	tahm yehst droogi koofer
Passengers are requested to keep clear of the gangway	Uprasza się pasażerów aby nie chodzili po schodach (drabinie okrętowej) okrętowych	ooprahshah sien pahsahzhehroov ahbi nieh hodzili po shodahh (drahbinieh okrentovich) okrentovih
We shall travel by steamer to Danzig	Będziemy podróżowali na parowcu do Gdańska	bendziehmi podroozhovahli nah parovcoo do gdany'skah
What is the (cost of the) passage ?	Co kosztóje podróż na statku (statkem) ?	co kashtooieh podroozh nah stahtkoo (stahtkiehm)
Shall we have a good passage ?	Czy będziemy mieli dobrą podróż ?	chi bendziehmi miehli dobron podroozh
Show your tickets	Proszę panów pokazać bilety	proshen pahnoov pokahzahch bilehti

English.	Polish.	Pronunciation.
The port (of arrival)	Port, Przystań	port, pzhistahny'
Collect your luggage [rived)	Zbierzcie państwo rzeczy	zbiehjcieh pahny'-stvo zhehchi
Here we are (ar-	Przybyliśmy	pzhíblishmi
I feel a little better	Czuję się troche lepiej	chooien sien troheh lehpiehi

Photography (Fotografowanie).

English.	Polish.	Pronunciation.
Have you brought your camera ?	Czyś pan przyniósł swój aparat fotograficzny ?	chish pahn pzhinioosw svooi ahpahraht fotograhfichni
This is my camera	Oto mój aparat	oto mooi ahpahraht
Must we obtain permission to photograph ?	Czy musimy otrzymać pozwolenie do fotografowania ?	chi moosihmi otzhmahch pozvolehieh do fotograhfovahniah
I wish to take the interior	Ja chcę fotografować wnętrze	yah hcen fotograhfovahch vnentzheh
The light is too strong	Światło jest za mocne	Sviahtwo yehst zahs mocneh [zweh
This is a bad light	To światło jest złe	to shviahtwo yehst
The lens is broken	Soczewka jest stłuczona	sochehvkah yehst stwoochonah
What size of plate (=number) do you use ?	Jak wielka jest (=numer)pańska negatywa ?	yahk viehlkah yehst (=noomehr) pahny'skah nehgahtivah
The plate is spoilt	Negatywa zepsóta	nehgahtivah zehpsootah
Have you a dark room	Czy masz pan ciemny pokój ?	chi mahsh pahn ciehmni pokooi
That is a beautiful photograph	To jest piękna fotografia	to yehst pienknah fotograhfiah

English.	Polish.	Pronunciation.
I have obtained some very fine pictures	Ja zrobitem kilka bardzo pięknych fotografii	yah zrobiwehm kilkah bahrdzo pienknih fotograhfii
An amateur photographer	Fotografista amator	fotograhfistah ahmahtor

Post and Telegraph (Poczta i Telegraf).

English.	Polish.	Pronunciation.
I want to write a letter	Ja chcę napisać list	yah hcen nahpisahch list
I want some paper and ink	Potrzebóję papieru i atramentu	potr'zhehbooien pahpiehroo i ahtrahmehntoo
Lend me a pen	Pożycz mi pan pióra	pozhich mi pahn pioorah
A sheet of notepaper	Arkusik listowego papieru	ahrkoosik listovehgo pahpiehroo
Envelopes	Koperty	kopehrti
Post this letter	Proszę zanieść ten list na poczte	proshen zahnieshch tehn list nah pochteh
Give me a stamp please	Proszę mi dać markę listową	proshen mi dahch mahrken listovon
What is the charge?	Ile kosztóje ?	ileh koshtooieh
When does the post leave for...?	Kiedy idzie poczta do... ?	kiehdi idzieh pochtah do...
When does the post arrive from... ?	Kiedy poczta przychodzi z... ?	kiehdi pochtah pzhihodzi z...
I want a money order for...	Ja chcę przekaz pocztowy do...	yah hcen pzhehkahz pochtovi do—
Give me a postcard	Proszę o kartę pocztową	proshen o kahrten pochtovon
Where is the telegraph office ?	Gdzie jest biuro telegraficzne ?	gdzieh yehst biooro tehlehgrahfichneh
The telephone	Telefon	tehlehfon
A parcel has come for you here	Jest przesyłka dla pana	yehst pzhehsiwkah dlah pahnah

English.	Polish.	Pronunciation.
The parcel is not here	Tu nie ma paczki	too nieh mah pahchki
I ha ve no ink	Ja nie mam atramentu	yah nieh mahm ahtrahmehntoo
I am writing a letter	Ja piszę list	yah pishen list
I write a great many letters	Ja piszę dużo listów	yah pishen doozhoh listoov
I shall write to him	Ja napiszę do niego	yah nahpishen do niehgo
I am writing with a pen and he with a pencil	Ja piszę piórem a on ołówkiem	yah pishen pioorehm ah on owoovkiehm
He writes to me	On do mnie pisze	on do mnieh pisheh
Write to him	Pisz pan do mnie	pish pahn do mnieh
Write him a letter to-day	Pisz pan do niego dzisiaj	pish pahn do niehgo dzisiahi
I have written five letters to-day	Ja dziś napisałem pięć listów	yah dzish nahpisahwehm piench listoov
I have got a letter from him to-day	Ja dziś otrzymałem list od niego	yah dzish otzhimahwehm list od niehgo
Take this letter	Weź ten list	vehzh tehn list
Wait for an answer	Zaczekaj na odpowiedź	zahchehkahi nah odpoviehdzh
Is your letter ready for the post ?	Czy pański list jest gotowy na pocztte ?	chi pahny'ski list yehst gotovi nah pochteh
Will this letter go to-night ?	Czy ten list pójdzie dziś wieczór ?	chi tehn list pooidzieh dzish viehchoor
Have you any letters for me ?	Czy są listy do mnie ?	chi son listi do mnieh
There are none for you	Nie, nie ma żadnych dla pana	nieh, nieh mah zhahdnih dlah pahnah
The mail (train) is gone	Poczta (pociąg) odeszła	pochtah (pociong) odehshwah

English.	Polish.	Pronunciation.
The English mail has arrived	Poczta angielska przyszła	pochtah ahngiehlskah pzhishwah
How much for a letter to... ?	Ile kosztóje list do... ?	ileh koshtoŏie list do
A registered letter	List rekomendo... wany	list rehkomehndovahni
Write your name and address here	Proszę napisać pańskie imię i adres w tem miejscu	proshen napisahch pahny'skieh imien i ahdrehs v tehm miehiscoo
I want to send a telegram	Chcę posłać telegram	hcen poswahch tehlehgrahm
Payable at the General Post Office	Płatny na głównej poczcie	pwahtni nah gwoŏvnehi pochcieh
Why don't you write to me ?	Dla czego pan niepiszesz do mnie ?	dlah chehgo pahn nieh pishehsh do mnieh
I want to register this letter	Chcę rekomendować ten list	hcen rehkomehndovahch tehn list

Time and Seasons (Czas i Pory Roku).

What time is it ?	Która godzina ?	ktoŏrah godzinah
See what time it is	Zobacz pan która jest godzina	zobahch pahn ktoŏrah yehst godzinah
It is late	Już jest późno	yoosh yehst poŏzhno
No, it is early yet	Nie, jeszcse wcześnie	nieh, yehshcheh vchehshnieh
It is midday (12 a.m.)	Południe	powoodnieh
It is midnight (12 p. m.)	Północ	poŏwnoc
One o'clock	Pierwsza godzina	piehrvshah godzinah
Two o'clock	Druga godzina	droogah godzinah
It is not late	Nie jest późno	nieh yehst poŏzhno

English.	Polish.	Pronunciation.
It is half-past four	Pół do piątej	pōōw do piontehi
It is eight o'clock	Ósma godzina	ōōsmah godzinah
A quarter to five	Kwadrans do piątej	kvahdrahns do piontehi
It is five o'clock by my watch	Piąta godzina na moim zegarku	piontah godzinah nah moim zehgahrkoo
It was about five o'clock	To było mniej więcej o piątej godzinie	to bywo mniehi viencehi o piontehi godzinieh
A what time... ?	O której godzinie..?	o ktōōrehi godzinieh
At four o'clock	O czwatej	o chvahrtehi
At five o'clock	O piątej	o piontehi
Twenty minutes past four	Dwadzieścia minut po czwartej	dvahdziehshciah minoot po chvahrtehi
Your watch is slow	Pański zegarek się spóźnia	pahny'ski zehgahrehk sien spōōzhniah
Your watch is fast	Panski zegarek się śpieszy	pahny'ski zehgahrehk sien shpiehshi
Did you wind your watch ?	Czyś pan nakręcił swój zegarek ?	chish pahn nahkrenciw svōōi zehgahrehk
My watch has stopped	Mój zegarek stanął	mōōi zehgahrehk stahnonw
My watch is not going	Mój zegarek nie idzie	mōōi zehgahrehk nieh idzieh
Half past five	Pół do szóstej	pōōw do shōōstehi
A quarter past six.	Kwadrans po szóstej	kvahdrahns po shōōstehi
Ten minutes to four	Dziesięć minut do czwartej	dziehsiench minoot do chvahrtehi
A quarter to one	Kwadrans do pierwszej	kvahdrahns do piehrvshehi
It has just struck five	Piąta co wybiła	piontah co vibiwah

English.	Polish.	Pronunciation.
It will soon strike six	Szósta zaraz wybije	sho͝ostah zahrahz vibiyeh
Has it struck eleven yet ?	Czy już wybiła jedynasta ?	chi yoozh vibiwah yehdihnahstah
It is later than I thought	Jest później jak myślałem	yehst po͝ozhniehi yahk mishlahwem
Twenty minutes to six	Dwadzieścia minut do szóstej	dvahdziehshciah minoot do sho͝ostehi
At a quarter to seven	Kwadrans do siódmej	kvahdrahns do sio͝odmehi
My watch keeps very good time	Mój zegarek idzie regularnie	mo͝oi zehgahvehk idzieh rehgoolahrnieh [no
At 9 a.m.	O dziewiątej rano	o dziehviontehi rah-
A few days ago	Kilka dni temu	kilkah dni tehmoo
On the next day	Na drugi dzień	nah droogi dziehny
This day week	Od dziś za tydzień	od dzish zah tidziehny'
Yesterday week	Wczoraj tydzień temu	vchorahi ti dziehny' tehmoo
This year	Tego roku	tehgo rokoo
Next year	Na rok przyszły	nah rok pzhishwi
Last year	Przeszlego roku	pzhehshwehgo ro-
All the year round	Cały rok	cahwi rok [koo
On the first of next month	Pierwszego dnia przyszłego miesiąca	piehrvshehgo dniah pzhishwehgo miehsioncah
The sun is coming out again	Słońce się znów pokazóje	swony'ceh sien zno͝ov pokahzo͝oieh
It is lovely weather	Piękna pogoda	pienknah pogodah
It is raining	Deszcz pada	dehshch pahdah
It will snow	Śnieg będzie padał	shniehg bendzieh pahdahw
In the Spring	Na wiosne	nah viosneh
In Summer	W lecie	v lehcieh
In the Autumn	W jesieni	v yehsiehni

English.	Polish.	Pronunciation.
In Winter	W zimie	v zimieh
In two years' time	Za dwa lata	zah dvah lahtah
What is the day of the month ?	Jaki jest dzień miesiąca ?	yahki yehst dziehny, miehsioncah
What is the date today ?	Jaka jest data dzisiaj ?	yahkah yehst dahtah dzisiahi
It was only last week	To było tylko zeszłego tygodniaa	to biwo tilko zehshwehgo tigodniah
It is like a spring day	Jak wiosenny dzień	yahk viosehnni dziehny'
It is cold	Zimno	zimno
It is warm	Ciepło	ciehpwo
It is windy	Wietrzno	viehtzhno
It is foggy	Mglisto. Mgla !	mglisto. mgwah
Is it foggy ?	Czy mglisto ? Czy jest mgła ?	chi mglisto chi yehst mgwah
No, it is quite calm	Nie, powietrze jest zupełnie spokojne	nieh, povietzheh yehst zoopehwnnieh spokoineh
It has been snowing	Snieg padał	shniehg pahdahw
The dust is dreadful	Kurz jest nieznośny	koozh yehst niehznoshni
There is the new moon	Oto nów !	oto nöov
There is a full moon	Mamy pełnię księżyca	mahmi pehwnien ksienzhicah
It thunders	Grzmi	gzhmi
Look at the rainbow	Patrzcie na tęczę	pahtzhcieh nah tenchen
I am wet through and through	Jestem mokry do kości	yehstehm mokri do koshci
Would you like an umbrella ?	Czy chcesz pan parasola ?	chi hcehsh pahn pahrahsolah
The rain has stopped	Deszcz przestał padać	dehshch pzhehstahw pahdahch
Day by day	Z dnia na dzień	z dniah nah dziehny'
On the first of April	Pierwszego kwietnia	piehrvshehgo kviehtniah

English.	Polish.	Pronunciation.
At dead of night	Podczas ciemnej nocy	podchahs ciehmnehi noci
Long ago	Dawno temu	dahvno tehmoo
The river is frozen	Rzeka zamarzła	zhehkah zahmahrzh-wah
It is freezing	Marzniemróz	mahrznieh, mrōōz
It will freeze	Będzie marznąć	bendzieh mahrzh-
	,, mróz	,, mrōōz [nonch
It froze last night	Był mróz zeszłej nocy	biw mrōōz zehshwe-hi noci
It rained last night	Deszcz padał zeszłej nocy	dehshch pahdahw zehshwehi noci
I think it will rain to-day	Myślę że będzie padać dzisiaj	mishlen zheh ben-dzieh pahdach dzi-siahi
It is pouring	Leje	lehieh
We'll go out as soon as the rain stops	Wyjdziemy zaraz gdy przestanie padać	vi-ydziehmi zahrahz gdi pzhehstah-nieh pahdahch
Just listen to the thunder !	Słóchaj pan jak grzmi !	swōōhahi pahn yahk gzhmi
The snow is thawing	Snieg taje	shniehg tahieh
It is winter	Mamy zimę	mahmi zimen
It will soon be spring	Będziemy mieć rychło wiosnę	bendziehmi miehch rihwo viosnen
Last Summer	Zeszłego lata	zehshwehgo lahtah
The month of June	Czerwiec	chehrviehc
The moon is shining	Księżyc lśni	ksienzhic lsy'ni
	,, błyszczy	,, bwishchi
At daybreak	Na switaniu	nah shvitahnioo

Health (Zdrowie).

How are you ?	Jak się pan ma ?	yahk sien pahn mah
Are you quite well ?	Czy pan zdrów ?	chi pahn zdrōōv
I am very well	Mam się bardzo dobrze	mahm sien bahrdzo dobzheh

English.	Polish.	Pronunciation.
I am ill	Jestem chory	yehstehm hori
I am very ill	Jestem bardzo chory	yehstehm bahrdzo hori
I have caught a chill	Przeziębiłem się	pjehzienbiwehm sien
I have a headache	Głowa mnie boli	gwovah mnieh boli
I have a cold	Mam katar	mahm kahtahr
Send for the doctor	Trzeba posłać po doktora	tzhehbah poswahch po doktorah
She has a bad cough	Ona bardzo kaszle	onah bahrdzo kahsh-leh
Where is the chemist's (shop) ?	Gdzie jest apteka ?	gdzieh yehst ahpteh-kah
Did you sleep well ?	Czyś pan spał do-brze ?	chish pahn spahw dobzheh
When shall I call again ?	Kiedy mam przyjść znowu ?	kiehdi mahm pzhi-yshch znovoo
I will give you a pre-scription	Zapiszę panu recep-tę	zahpishen pahnoo rehcehpten
Shake the bottle	Wstrząśnij butelkę Zakłóć lekarstwo Zmąć ..	vstjonshniy bootehl-ken [stvo zahkwooch lehkar- zmonch lehkarstvo
Poison	Trucizna	troociznah
Is there a doctor here ?	Czyjest tu doktór ?	chi yehst too dok-toor
My throat pains me	Gardło mnie boli	gahrdwo mnieh boli
Open your mouth	Proszę otworzyć usta	proshen otvozhich oostah
Show me your tongue	Proszę pokazać język	proshen pokahzach yenzik
I am cold	Zimno mi	zimno mi
He has vomited	On womitował	on vomitovahw
I have a pain in my stomach	Brzuch mnie boli Mam ból w brzuchu	bjooh mnieh boli mahm bool v bjoohu
How do you feel to-day ?	Jak się pan czujesz dzisiaj ?	yak sien pahn choo-iehsh dzisiahi

English.	Polish.	Pronunciation.
Give me my medicine	Proszę mi dać moje lekarstwo	proshen mi dahch moie lehkahrstvo
What is the matter with you ?	Co panu brakóje ?	co pahnoo brahkoo-ieh
Is your digestion all right	Czy trawisz pan dobrze ?	chi trahvish pahn dobzheh
Are you cold ?	Czy panu zimno ?	chi pahnoo zimno
Are you warm ?	Czy panu gorąco ?	chi pahnoo goronco
Cover yourself well	Proszę się przykryć dobrze	proshen sien pzhi-krich dobzheh
Where do you feel pain now ?	Gdzie pan czujesz ból teraz ?	gdzieh pahn choo-iesh bool tehrahz
How long have you been ill ?	Jak długo był pan chory ?	yahk dwoogo biw pahn hori
You have a slight attack of fever	Masz pan lekki atak gorączki	mahsh pahn lehkki ahtahk goronchki
Can you account for it	Czy może mi pan dać przyzcyne ?	chi mozheh mi pahn dahch pzhichinen
He is not going on very well	Jego zdrowie się nie polepsza	yehgo zdrovieh sien nieh polepshah
Call the nurse	Proszę zawołać pielęgniarkę	proshen zahvowahch piehlengniahrken
Lie down	Proszę się położyć	proshen sien powo-zhich
Are you comfortable ?	Czy panu wygodnie	chi pahnoo vigod-nieh
I do not feel well	Nie czuję się dobrze	nieh chooien sien do-bzheh
I am hot	Gorąco mi	goronco mi [ken
I have got a hiccough	Ja mam czkawkę	yah mahm chkahv-
I feel sick	Zbiera mi się na wymioty	zbiehrah mi sien nah vimioti
I was sick during the night	Wymiotowałem w nocy	vimiotovahwehm v noci
Put a pillow under my bed	Proszę o poduszkę pod głowę	proshen o podoo-sken pod gwoven
Do not catch cold	Strzesz sie pan zaziębienia	stzhehsh sien pahn zahzienbiehniah

Reading Exercise.

The following example of Polish prose is taken from a work called *Listy z Krakowa* by Józef Kremer, who is essentially a Pole notwithstanding his un-Polish name; he came from one of those foreign families who were attracted to the capital of Poland—Kraków—by privileges granted to them by the Polish kings as far back as the 13th century; he was a professor in the University of Kraków (Cracow) and is regarded as one of the best writers of Polish prose. The example of his style given here is considered one of the most beautiful in his voluminous works and is given as such in books for higher schools. Indeed, it is not difficult to see even from this literal translation how much the praise is justified.

Czyli znasz widok z Wawelu* ku stronie Bielan† naszych ?
(Whether) knowest thou view from Wavel towards side of Bielan ours ?

Czyli wpatrywałeś się kiedy w ten obraz, pełen bogactwa
(Whether) didst thou contemplate ever that picture, full of riches

i czarodziejskich uroków ? Natura tu zaiste, w swych
and enchanting charms ? Nature here, indeed, in her

szatach niedzielnych, przybrała się w co miała najstroj-
clothes of Sunday, adorned herself in what (she) had the most

niejszego, i tak jej też dobże i ładnie w tych sukniach,
dressing, and so she therefore is well and charming in those dresses,

świetnie wyszywanych i lśniących świeżością i barwą, iż
brilliantly embroidered and shining (with) freshness and colour, that

kto ją raz obaczy, już ona mu się na wieki w sercu zapisze.
who her once sees, already she him herself for ages in heart will inscribe.

Tu z nieba spfidły wszystkie natury piękności i otaczyły
Here from heaven fell down all nature's beauties and surrounded

siwy Kraków gęstym wiankiem nigdy niezwiędłych kwiatów.
gray Kraków (with) thick wreath of never-fading blooms.

Tu dziwnie się splatają powaby rozmaitości pełne, bo przy
Here wonderfully entwine charms variety full, for near

sobie znajdziesz i zuchwałe butne góry, czarnym borem
each other thou findest & audacious haughty mountains, with black forest

---

* Wawel is a hill on which stands the Royal Castle in Kraków.

†Bielany is a Camaldulian monastery built on a hill outside Kraków, and which can be seen for many miles.

poważne, i wzgórza łagadne urosłe w kształty pulchne i miękkie,
grave, and hills gentle grown in shapes soft and chiselled,
i wytężone rozłogiem niezmierzonym błonia majowe, i gołe
and strained by space immeasurable pastures flowery, and bare
ściany skalne, dąbrowy bukietami parowniach porozrzucane,
walls of rocks, groves bouquet-like on plains scattered,
kraj rozwininięty kobiercem haftowanym w warcabnicę
country unfolded like carpet embroidered (like) in draughtboard
zbożnych łanów. Rusza się i migoce rozbiegły ród topoli
(with) plots of cereals. (Here) moves and shines running family of poplars
srebrnych, powiewnych wierzb, sosien dumających i męz-
silvery, of undulating willows, of pines musing and of manly
kiego hartu dębów.—Osiadły też tu ciżbą, wioski i pałace,
strength the oaks.—Sat also here in crowds, villages and palaces,
klasztory i dworki, strzechy i wieże, a
monasteries and houses, thatched roofs and towers, and
radójąc się pełnem sercem, oddychają tym
enjoying themselves with full heart, they breathe that
cudnym Bożym swiatem. Natura tak pełną
marvellous God's world. Nature with such full
garścią obsypała tę Obiecanę Ziemię darami
hand besprinkled this Promised Land with gifts
swojemi, iżbyś mógł trzy, sześć, nie wiem ile osobnych obra-
of hers, that thou couldst three, six, I know not how many separate pic-
zów z widoku tego wykroić, a każdy byłby inny, a każdy
tures from view that cut out, and each would be different and each
cudnego wdzięku; byłoby nas stać nie jedną jałową stolicę ubrać,
of marvellous charm; we could afford, not only one barren capital to dress,
ozdobić a jeszczebyśmy nie zubożeli wcale. Tu drzewa i
to adorn, and yet we would not be impoverished at all. Here trees and
ptaki, potoki i zwierzęta, góry, ludzie i dzwony śpiewają
birds, streams and animals, mountains, people and bells sing
weselem; ale już primadonną tej wielkiej opery Natury
with joy; but primadonna of that great opera of Nature
jest Wisła, co od lat tysiąców falami swojemi nuci tę samą,
is the Vistula, who for years thousands with her waves sings the same

jej niesprzykrzaną nigdy, a nam zawsze drogą pieśń swoją.
tiring her never, and to us always dear song of herself.

Ona też jest królową obrazu ; długim, posuwistym tanem
She indeed is queen of picture; by long, gliding dance

zwija się poważnie, uroszysto, a ucałowawszy Wawelu stopy,
she winds up stately, majestically, and having kissed Wawel's feet,

narzeczona Baltyku, pośpiesza w objęcia kochanka. W
bride of the Baltic hastens to embrace of lover. In

dali, kędy już Niebo schyla się ku žiemi, srebrzą się niby
distance, where already heavens bend to earth, shimmer with silver like

obtoczne twierdze, Tatrów grody, stojące na straży u chmur-
cloudy fortresses, Tatra strongholds, standing on guard at cloudy

nych wrót, i wedle łaski swej wypuszczają na nas to pogody
gate, and according to grace of theirs let loose on us either fair weather

i słoty, to burze i powódź, susze i grady.
and rains, or storms and inundation, drought and hail.

Money (Pieniądze).

The Poles have adopted as their monetary unit the Złoty (plural: Złote). The theoretical mint par of exchange is 25.22½ Złoty to £1. The Złoty is divided into 100 parts: $\frac{1}{100}$ part of a Złoty is called a Grosz (plural: Grosze).

Weights and Measures

(Wagi i Miary.)

By a decree of the 8th February, 1919, the French metric system was introduced into Poland, and the basic units recognised are : Metre, Square Metre, Are, Gramme, and Litre, and in all official documents no other units may be mentioned.

The names of weights and measures in Polish are : Metr, Kilometr, Metr kwadratowy (square metre), Ar, Hektar, Litr, Hektalitr, Gram, Kilogram.